KB232911

살아있는 실용일본어(상)
전면개정판

정인문 저

제이앤씨
Publishing Company

책머리에

    이 책은 기초 수준의 일본어 회화를 익히려고 하는 학습자를 위해 엮어 보았다. 혼자 독학하는 사람들을 대상으로 하기보다는 가르치는 사람을 통해 정확하고 실용적인 일본어를 배울 수 있도록 구성하였다. 무엇보다도 대학에서 교양 일본어 교재로 사용할 수 있도록 꾸몄는데, 지금까지의 대학 일본어 교재가 획일적으로 강독식으로 꾸민 것에 대해 새롭게 시도해 보았다. 현재 실제 일본에서 또는 실생활에서 쓰이고 있는 실용 일본어 형식으로 꾸몄다. 대학생들이 사용하는 문장과 현지에서 즉각 사용이 가능한 생동감이 있고, 살아있는 일본어가 되도록 노력하였다.

    또한 어학은 그 문화에 대한 지식이 밑바탕이 되어 줄 때, 제대로 된 어학 실력이 발휘된다는 생각에서, 또한 한국식 일본어가 아닌 일본어다운 일본어가 된다는 필자의 평소의 지론에 따라 엮은 것이다.

    이 책의 체제는 먼저 본문을 제시하고 그 본문에 대한 설명을 응용 단어, 활용 문형, 문화적인 설명 등으로 다양하게 접근하려고 하였다.

    마지막으로 이 책은 (財) 일본어교육진흥협회 편 日本語事始를 많은 부분의 구성에서 그대로 따랐으며, 필자는 보충하는 선에서 엮었음을 미리 밝혀둔다. 미흡한 부분은 더욱 정진하여 다듬어 갈 것을 다짐한다. 이번에는 지난번에 출간한 살아있는 실용일본어(상)을 새로이 개정도 하고, 증보하여 더욱 알차게 꾸며 보았다. 학습자 여러분들의 지적과 충고를 부탁드린다. 아울러 제이앤씨 출판사 관계자 여러분들께 감사의 말씀을 드리고 싶다. 덧붙여 경남대학교 학부생의 도움도 감사를 드리고자 한다.

2009년 8월

정 인 문 삼가 적음

●●● 목 차 ●●●

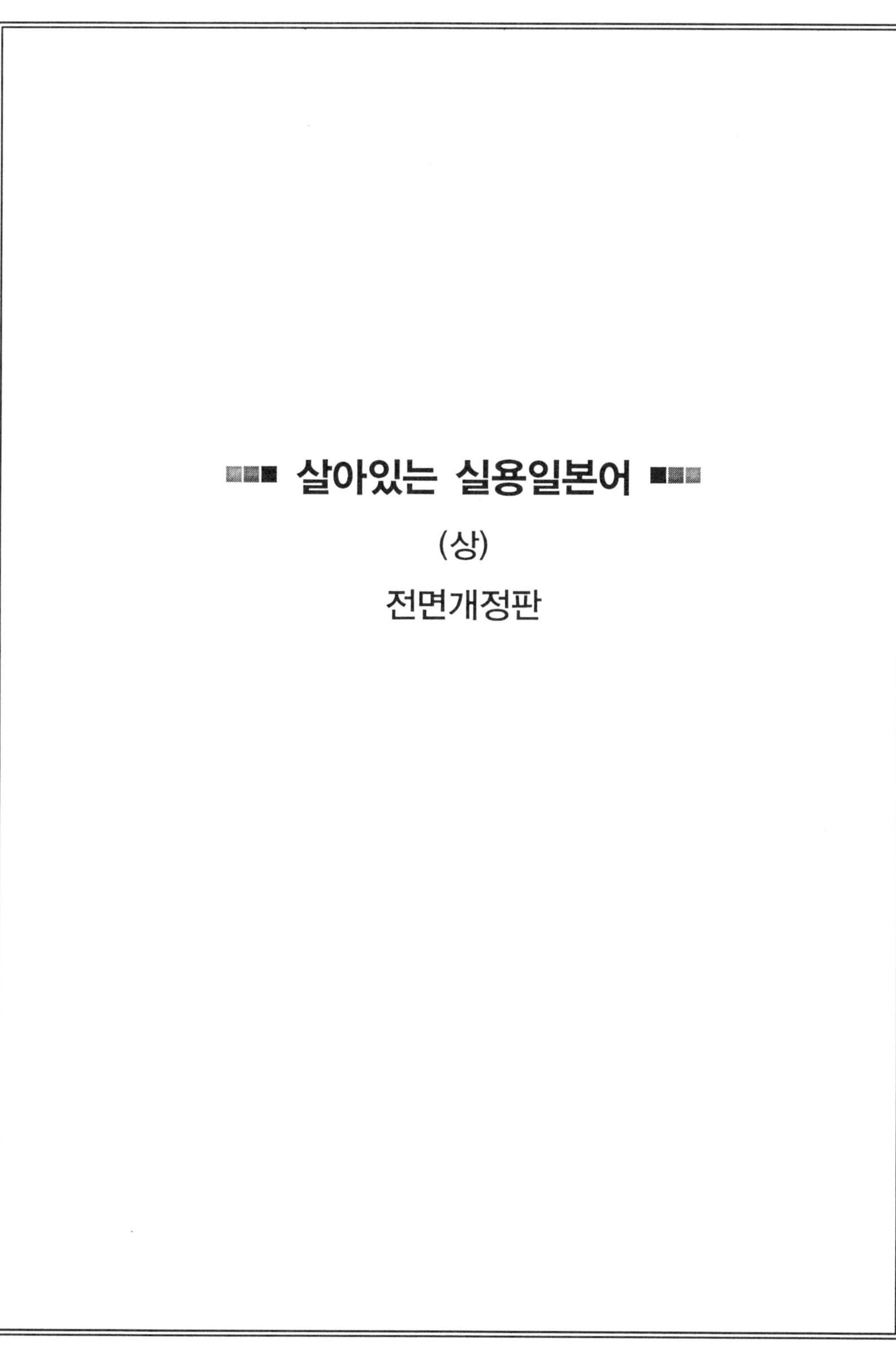

■■■ 살아있는 실용일본어 ■■■
(상)
전면개정판

기초 입문 편
일본어의 문자

　일본어에는 여러 가지 표기법이 있다.「히라가나(平仮名)」「가타가나(片仮名)」「漢字」「国字」 등이 그것이다.

　일본은 원래 문자가 없었으나 기원 5세기 경, 중국으로부터 한자를 도입하여 사용하게 되었다. 히라가나와 가타가나는 한자를 기본으로 하여 일본에서 만든 문자이다. 히라가나와 가타가나를 일괄하여「가나」라고 부른다.

　가나는 원칙으로 한 개의 문자가 한 개의 음을 나타내며, 각각 의미를 가지지는 않는다. 히라가나는 한자를 곡선으로 단순화시킨 문자이며, 가타가나는 한자의 일부를 따서 단순화시킨 문자이다.

　　平仮名　　　以 →　い　i
　　片仮名　　　伊 →　イ　I

　한자는 한 개의 한자가 의미를 가지는 문자로 사용되며, 한 개의 한자에 몇 가지의 읽는 방법이 있다. 순수 일본어에 한자를 적용시켜 읽는 방법을「훈독(쿤요미)」이라 하며, 중국 한자의 발음을 기본으로 한 읽는 방법을「음독(온요미)」이라고 한다. 일본어의 단어는「히라가나」「가타가나」「한자」가 단독으로 사용되거나, 또는 그것들을 같이 병용해서 사용한다. 외래어, 의성어, 의태어는「가타가나」로 사용되는 경우가 많다.

「国字」은 일본에서 만들어진 한자이다. 그 외에 아라비아 숫자, 로마자 등 몇 가지의 기호도 사용된다. 로마자는 「가나」나 한자 등으로 씌어지는 문장에 섞여 사용되는 경우가 있으며, 명칭이나 기호로도 사용되어 진다. 또한 한자나 「가나」를 읽지 못하는 외국인을 위해서 일본어를 읽기 쉽도록 표기할 경우에도 사용되어 진다.

일반적으로 일본어 문장은 縦書로서 위에서 밑으로 글이 이어지며 오른쪽에서 왼쪽으로 행이 나아가는 식으로 쓰여 진다. 지금도 신문, 잡지, 서적 등의 대부분이 縦書로 사용되어 진다. 그러나 최근에는 横書로도 많이 사용되었는데, 横書의 경우 왼쪽에서 오른쪽으로 글이 이어지며 위에서 밑으로 行이 나아간다. 비즈니스 문서 등은 대부분이 横書이다.

일본어에는 기본 모음이 5개 있다. 그리고 자음과 기본 모음이 합쳐진 음이 있다. 「가나」 한 개의 문자는 발음의 기본적인 단위를 나타낸다. 문자 하나씩 발음할 경우와 문장으로 연결시켜 발음할 경우는 발음이 다소 달라질 경우가 있다.

1. かな(仮名)

「가나」는 당시 漢字에서 빌린 문자라는 뜻이다. 한글과는 달리 음절문자이므로 조합을 할 필요가 없고, 한 字 한 字가 바로 한 음절이 된다. 「가나」에는 「히라가나」와 「가타가나」가 있다.

(1) 히라가나(ひらがな)

한자의 초서체를 변형시켜 만든 문자로 평이한 문자라는 뜻이다. 일본 중세에 주로 여성들이 쓰던 문자이지만 지금은 가장 기본이 되고 있는 문자이다.

	ア行	カ行	サ行	タ行	ナ行	ハ行	ヤ行	ラ行	ワ行
ア段	あ	か	さ	た	な	は	や	ら	わ
イ段	い	き	し	ち	に	ひ		り	
ウ段	う	く	す	つ	ぬ	ふ	ゆ	る	
エ段	え	け	せ	て	ね	へ		れ	
オ段	お	こ	そ	と	の	ほ	よ	ろ	を　ん

(2) 가타가나(カタカナ)

漢字의 한 부분을 떼어서 만든 문자로 결여된 문자라는 뜻이다. 당시의 외국어였던 한문을 훈독을 하기 위해 만들어진 문자여서 현재 외래어 표기에 사용되고 있다.

	ア行	カ行	サ行	タ行	ナ行	ハ行	ヤ行	ラ行	ワ行
ア段	ア	カ	サ	タ	ナ	ハ	ヤ	ラ	ワ
イ段	イ	キ	シ	チ	ニ	ヒ		リ	
ウ段	ウ	ク	ス	ツ	ヌ	フ	ユ	ル	
エ段	エ	ケ	セ	テ	ネ	ヘ		レ	
オ段	オ	コ	ソ	ト	ノ	ホ	ヨ	ロ	ヲ	ン

■ 50음도

「가나」를 배열한 표를 五十音図라고 한다. 원래 5자(行)씩 10줄(段)로 되어 있어서 50자를 배열한 표라는 뜻으로 50음도라고 이름이 붙여졌다. 그러나 지금은 안 쓰이는 문자와 다른 문자와 같은 음이 된 것 등이 있어서 50자가 되지는 않는다.

① 청음(清音)

청음이란 맑고 깨끗한 음이라는 뜻으로 탁점이나 반탁점이 붙지 않는 음을 말한다.

② 탁음(濁音)

「か行, さ行, た行, は行」의 우측 상단에 「˝」을 붙여 만든다. 예를 들면 「が, ざ, だ, ば」 등으로 표기된다.

③ 반탁음(半濁音)

「は行」의 우측 상단에 「°」을 붙여 만든다. 예를 들면 「ぱ, ぴ, ぷ, ぺ, ぽ」 로 표기된다.

④ 요음(拗音)

「イ段」 자음의 우측 하단에 「や, ゆ, よ」를 작게 붙여 만든다. 예를 들면 「きゃ, きゅ, きょ, しゃ, しゅ, しょ」 등으로 표기된다.

⑤ 특수 음절

특수 음절에는 撥音(ん)과 促音(つ)과 長音이 있다. 이들 특징은 이들 음절의 바로 뒤의 음에 의해서 이들 음이 정해진다는 데 있다.

■ 발음(撥音)

50음도 밖에 있으나 보통 기본 음절 속에 포함시킨다. 뒤 음에 따라 「m」, 「n」, 「ŋ」 등의 음을 나타낸다.

■ 촉음(促音)

「つ」를 우측 하단에 작게 써서 나타낸다. 바로 뒤의 자음과 같은 음을 낸다. 작게 쓴 「つ」는 다음에 오는 자음을 발음하기 전에 자음을 발음 준비를 한 후, 한 박자 정도 간격을 두고 발음한다.

■ 장음(長音)

앞 음절의 *母音*과 같은 모음이 한 *子音* 속에서 연속되어 있을 때 두 음절 길이로 발음한다. 한자어 이외에도 長音이 발생하는 예도 있다. 「え단」은 「え」라고 쓰는 경우와 「い」라고 쓰는 경우가 있다. 「お단」은 「お」라고 쓰는 경우와 「う」라고 쓰는 경우가 있다. 가타가나는 모두 「—」로 표기한다.

■ 필체 연습표 및 필순

あ か さ だ な は ま や ら わ ん
い き し ち に ひ み い り い
う く す つ ぬ ふ む ゆ る (う)
え け せ て ね へ め (え) れ (え)
お こ そ と の ほ も よ ろ を

MEMO

제1과
만날때의 표현

会^あう。

1-1 　こんにちは。 안녕하세요.(낮 인사)

● **낮에 사람을 만나다.**

A : こんにちは。
B : こんにちは。

「こんにちは」는 보통 낮에 사용하는 인사말이다. 낮 시간의 광범위한 시간대에 쓰인다. 윗사람에게는 고개를 숙이며 인사를 하는 것이 좋다. 가족 사이에는 잘 사용하지 않는다. 또한 학교에서 친한 친구와도 잘 사용하지 않으며, 회사의 동료와도 잘 사용하지 않는 인사말이다.

1-2 　こんばんは。 안녕하세요.(저녁 인사)

● **저녁에 사람을 만나다.**

A : こんばんは。

Ｂ : こんばんは。

「こんばんは」는 보통 해가 지고 나서 나누는 인사말이라 할 수 있다. 그러나 이것도 반드시 그러한 것으로 정해진 것이 아니고, 저녁 시간대에 광범위하게 쓰인다. 「こんばんは」도 「こんにちは」와 같이 가족 간에는 잘 사용하지 않는다. 또한 학교의 친구에게도 잘 사용하지 않으며 회사 동료에게도 잘 사용하지 않는다.

1-3　おはよう。　안녕.

● 아침에 친구를 만날 때

Ａ : おはよう。
Ｂ : おはよう。

「おはよう」는 일반적으로는 아침 인사말로 사용된다. 그러나 이 인사말은 주의를 요한다. 아침 인사말 이외에도 보통 오늘 하루의 일이나 공부 등, 생활을 시작하자는 인사말로서 통한다. 따라서 오후에 일어났다든지 또는 저녁부터 일이 시작되는 회사나 상점 등에 근무하는 사람이 비록 시간대가 아침이 아니라 하더라도 「おはよう」라고 인사를 하는 경우도 있다. 그리고 가정, 학교, 회사 등에서 친한 사람들에게 사용되는 인사말이다. 말하자면 「おはよう」는 「こんにちは」「こんばんは」와는 성격이 조금 다른 인사말이라는 것을 기억해야 한다.

1-4　おはようございます。　안녕하십니까.

● 아침에 교수님을 만났을 때

C : おはようございす。
D : おはよう。

「おはようございます」는 보통 교수님이나 상사 등 윗사람에게 사용한다. 주위에 알고 지내는 사람 등 별로 친하지 않는 사람들에게도 사용되기도 한다. 특히 오전중의 회의나 수업은 일반적으로 이 인사말로 시작된다. 아침에 많은 사람들 앞에서 인사를 할 때에도 「おはようございます」라고 한다.

1-5 よろしくお願いします。 잘 부탁드리겠습니다.

● **처음 대학에 가서 교수님께 자기소개를 하는 경우.**

A : はじめまして。 Aです。 よろしくお願いします。

「はじめまして」는 보통 처음 만난 사람에게 의례적으로 하는 인사말이다. 보통 처음 소개 받았을 때 의례적인 인사말로 쓰는 말이다. 「よろしくお願いします」는 앞으로 서로 좋은 관계를 유지해 나가고자 하는 마음을 나타내고 있는 것이다. 무엇인가 의뢰를 해야 할 때, 자기소개, 인물 소개 등 윗사람에 대한 인사로서 자주 사용되는 말이기도 하다. 자기소개를 해야 할 때는 우선 자기 이름을 말하고 그 후에 「です」를 붙인다. 일본어에서는 한국어의 「저」에 해당되는 「わたし」는 보통 생략되는 편이다.

1-6 よろしく。 잘 부탁해요.

● **옆집에 살고 있는 같은 대학생끼리 인사를 할 때**

B : Bです。よろしくお願いします。

C : Cです。よろしく。

대등한 관계 또는 아랫사람에게 무엇인가를 의뢰할 때, 또는 자기소개, 인물소개를 할 때에는「よろしくお願いします」의「お願いします」를 생략한「よろしく」만을 사용하기도 한다. 여기에는 내부적으로 잘 부탁합니다라는 말이 내포되어 있는 것이다. 대학교 등에서 신입생이 선배에 대해서는 반드시「よろしくお願いします」라고 정중하게 표현해야 하겠지만, 선배는 신입생에게「よろしく」라 해도 무방하다.

1-7 | あなたは? 당신은?

● 사무실에 가서 학생증을 받아 와야 할 경우

A : Aです。

事務員 : あなたは?

B : わたしはBです。

「あなた」는 한국어로「당신」에,「わたし」는「저」에 해당되는 표현이다. 일본어에서는 자신을 소개해야 할 경우에는 일반적으로「わたし」는 그다지 잘 사용되지 않는 편이지만 많은 사람이 있을 때는「わたしは○○です」라고 말하는 경우가 있다.「わたし」는 일본의 경우 나이 드신 분들은 이 어휘를 일반적으로 쓴다. 젊은 남성의 경우는 대신「ぼく」를 보편적으로 쓴다. 더욱 친하고 허물없는 남성의 경우는「おれ」를 쓰기도 한다. 그리고「わたし」는 남성보다는 여성 쪽이 많이 쓰는 경향이 있다.「は」는 화제를 제시할 때 많이 사용한다. 또한 조사이므로 「wa」로 발음한다.

1-8 バイバイ。 잘 가.

● **수업이 끝나고 친구와 헤어질 때**

C : バイバイ。

D : じゃ(あ)ね。

「バイバイ」과 「じゃ(あ)ね」은 친구 등 매우 친한 사람에게만 쓰는 표현이다. 이 두 표현은 윗사람에게 쓰지 않는 것이 좋다.

1-9 失礼します。 실례하겠습니다. 실례합니다.

● **수업이 끝나 집으로 돌아가면서 교수님께 인사할 때**

A : 失礼します。

先生 : じゃ(あ)ね。

「失礼します」는 윗사람에게 쓰는 인사말이다. 「じゃ(あ)ね」보다 정중한 표현이다.

보충 단어

朝 あさ	아침
昼 ひる	낮
夕方 ゆうがた	저녁때
夜 よる	밤
晩 ばん	밤
明け方 あ　がた	새벽
午前 ご　ぜん	오전
午後 ご　ご	오후
今朝 け　さ	오늘 아침
今晩 こんばん	오늘 밤
今日 きょう	오늘
明日 あした	내일
明後日 あ　さって	모레
昨日 きのう	어제
一昨日 おととい	그저께

毎日(まいにち)	매일
時間(じかん)	시간
学生(がくせい)	학생
先生(せんせい)	선생님
会社員(かいしゃいん)	회사원
銀行員(ぎんこういん)	은행원
美容師(びようし)	미용사
運転手(うんてんしゅ)	운전기사
医者(いしゃ)	의사
警察(けいさつ)	경찰
私(わたし)	저, 나
僕(ぼく)	나(젊은 남성들이 사용)
貴方(あなた)	당신
彼(かれ)	그
彼女(かのじょ)	그녀
誰(だれ)	누구
お父(とう)さん(父(ちち))	아버지, 괄호 안은 우리 아버지

お母さん(母)	어머니
お兄さん(兄)	형님
お姉さん(姉)	누님
弟	남동생
妹	여동생
家族	가족
両親	양친
主人, 夫	남편(자신의)
家内, 妻	처, 부인(자신의)
兄弟	형제
お祖父さん(祖父)	할아버지(괄호 안은 우리 할아버지)
お祖母さん(祖母)	할머니
おじさん(おじ)	아저씨(백부, 숙부, 고모부, 이모부 전부 포함)
おばさん(おば)	아주머니(당연히 전부 포함)
ご主人, 奥さん	남의 남편, 부인을 높여 부르는 말
家, 家	집
部屋	방

壁	벽
窓	창문
戸	문
階段	계단
時計	시계
写真	사진
机	책상
椅子	의자
鞄	가방
本	책
漫画	만화
小説	소설
雑誌	잡지
新聞	신문
ノート	노트
鉛筆	연필
ボールペン	볼펜
消しゴム	지우개

紙	종이
ご飯	밥
おかず	반찬
パン	빵
ラーメン	라면
饂飩	우동
水	물
お茶	차
牛乳	우유
コーヒー	커피
酒	술
教室	교실
友達	친구
勉強	공부
学校	학교
小学校	초등학교
中学校	중학교
高校	고등학교

大学 (だいがく)	대학교
社長 (しゃちょう)	사장
部長 (ぶちょう)	부장
課長 (かちょう)	과장
事務室 (じむしつ)	사무실
出張 (しゅっちょう)	출장
人 (ひと)	사람
大人 (おとな)	어른
子供 (こども)	어린이
男 (おとこ)	남자
女 (おんな)	여자
体 (からだ)	몸, 신체
髪 (かみ)	머리카락
頭 (あたま)	머리
喉 (のど)	목(기관지)
首 (くび)	목
顔 (かお)	얼굴

目 （め）	눈
鼻 （はな）	코
耳 （みみ）	귀
口 （くち）	입
腕 （うで）	팔
足 （あし）	발
手 （て）	손
ゆび（指）	손가락
お腹 （なか）	배
電車 （でんしゃ）	전철
バス	버스
車 （くるま）	차
タクシー	택시
飛行機 （ひこうき）	비행기
果物 （くだもの）	과일
林檎 （りんご）	사과
苺 （いちご）	딸기
西瓜 （すいか）	수박

桃	복숭아
駅	역
店	가게, 상점
スーパー	슈퍼마켓
本屋	책방, 서점
お金	돈
味	맛
展望	전망
景色	경치
匂	냄새
香り	향기
感じ	느낌
聞き取り	듣기, 청취
騒音	소음
雑音	잡음
感覚	감각
視覚	시각

味覚 (みかく)	미각
触覚 (しょっかく)	촉각
聴覚 (ちょうかく)	청각
背広 (せびろ)	양복
水着 (みずぎ)	수영복
上着 (うわぎ)	상의
下着 (したぎ)	속옷

활용 문형

はじめまして。	처음 뵙겠습니다.
どうぞよろしくお願いします。	잘 부탁합니다.
こちらこそよろしくお願いします。	이쪽이야말로 잘 부탁합니다.
しばらく(だね)	오래간만이야.(주로 남자가 씀)
久しぶり。	오래간만이야.
しばらくです(ね)。	오래간만입니다.
お久ぶりです(ね)。	오래간만입니다.
また、明日。	내일 또.(만납시다)
お元気ですか。	건강하십니까. 안녕하십니까.
お陰さまで。	덕분에 잘 있습니다.
まあ、なんとか。	네, 그럭저럭 (해 나가고 있습니다).
相変わらずです。	여전합니다.(그냥 잘 지내고 있습니다)
いかがですか。	어떻습니까.
いかがお過ごしですか。	어떻게 지내십니까.
まあまあです。	그저 그렇습니다.
それはなによりです。	그건 무엇보다 다행입니다.
じゃ(あ)ね。	안녕.
またね。	또 보자.

じゃ、また。	그럼, 또 봐요.
お気をつけて。	살펴 가세요.(조심해서 다녀오세요)
失礼します。	실례하겠습니다. 가 보겠습니다.
失礼しました。	실례가 많았습니다. 폐를 끼쳐 죄송합니다.
お邪魔しました。	폐를 끼쳤습니다. 방해해서 죄송합니다.
お先に。	먼저 갈게.
お先に失礼します。	먼저 가 보겠습니다.
お疲れさま。	수고 많았어.
お疲れさまでした。	수고 많았습니다.
ご苦労様。	수고했어.
ご苦労様でした。	수고했습니다.
お元気で。	건강하세요.(앞으로 한동안 보지 못할 사람과 헤어질 때 하는 인사)
お世話になりました。	신세졌습니다.(폐를 끼쳤습니다)
お大事に。	몸조리 잘 하세요.(병에 걸리거나 다친 사람에게 헤어질 때 쓰는 인사)
行って来ます。	다녀오겠습니다.
行って参ります。	다녀오겠습니다.(매우 공손한 말)

行っていらっしゃい。	다녀오세요.
ただ今。	다녀왔어. 다녀왔어요.
ただいま帰りました。	다녀왔습니다.(매우 공손한 말)
お帰り。	어서 와.(돌아온 사람에게 집에 있던 사람이 하는 인사)
お帰りなさい。	어서 와요.(돌아온 사람에게 집에 있던 사람이 하는 인사)
お休み。	잘 자.
お休みなさい。	안녕히 주무세요.
留守です。	부재중입니다.
朝起きる	아침에 일어나다.
夜寝る	밤에 자다.
顔を洗う	세수를 하다.
手を洗う	손을 씻다.
髪を洗う	머리를 감다.
歯磨きをする	양치질을 하다.
歯を磨く	이를 닦다.
靴をみがく	구두를 닦다.

シャワーを浴びる　　　　　　샤워를 하다.

お風呂に入る　　　　　　　　목욕하다.

髭を剃る　　　　　　　　　　수염을 깎다.

十時までに帰ってきてください。　10시까지 돌아오세요.

きれいに掃除をしてください。　깨끗하게 청소를 해 주세요.

鍵はフロントに預けて、貴重品は持って行ってください。

열쇠는 프런트에 맡기시고 귀중품은 가지고 가세요.

日本へファッションの勉強をしに来ました。

일본에 패션 공부를 하러 왔습니다.

鍋で炒めます。　　　　　　　냄비로 볶습니다.

お部屋でお待ちください。　　방에서 기다려 주십시오.

追加注文をしたいんだけど。　추가로 주문을 하고 싶습니다만.

いつ始まるんですか。　　　　언제 시작하는 겁니까.

あと二つです。　　　　　　　이제 두 개 남았습니다.

ご注文の料理をお持ちしました。　주문하신 요리를 갖고 왔습니다.

はい、今開けます。　　　　　네 지금 열겠습니다.

こちらでよろしいでしょうか。　여기 놓아 드릴까요.(이쪽이 좋을까요)

こちらにサインをお願いいたします。　여기에 사인을 부탁드리겠습니다.

さきほど、終了いたしましたが。 조금 전에 영업시간이 끝났습니다만.

え？　どうしよう。　　　　　　네? 어떻게 하나?

何か持って来てもらえませんか。 뭐 좀 갖다 주실 수 없겠습니까.

申し訳ございません。すべて終了いたしましたので。

정말 죄송합니다. 전부 끝나서.

どうにかなりませんか。　　　어떻게 안 될까요.

七時から営業いたします。　　7시부터 영업을 합니다.

そちらを、ご利用いただけませんでしょうか。

그쪽을 이용하시면 안 될까요.

朝食はすぐ食べられますか。 아침식사는 바로 먹을 수 있을까요.

はい、すぐにお召し上がりになれます。 네, 바로 드실 수 있습니다.

お役に立てなくて、申し訳ございません。

도움이 되지 못해서(도움을 드리지 못해서) 죄송합니다.

なかなかうまくできませんね。 좀처럼 잘 안 풀리는군요. 잘 안 되는군요.

心配でなかなか眠れないです。 걱정이 되서 좀처럼 잠이 안 오는군요.

お酒はあまり飲まないでください。 술은 너무 마시지 마세요.

趣味は何ですか。　　　　　　취미는 무엇입니까.

今度の日曜日も行くつもりですか。 이번 일요일도 갈 예정입니까.

ええ、行く予定です。　　　　예, 갈 예정입니다.

それじゃ、一緒に行きましょう。　そうすれば 함께 갑시다.

この頃かなり冷え込んできて、セーターがほしくなりました。

요즘 꽤 추워져서 세터가 필요하게 되었습니다.

なるほど、詳しいですね。　　과연(정말 그렇습니다), 상세하군요.

太らないためには、毎日運動して、夜遅く食べないことです。

살찌지 않기 위해서는 매일 운동을 하고 밤늦게 먹지 않는 것입니다.

学生時代は歯医者になるつもりでした。

학생시절에는 치과의사가 될 예정이었습니다.

工事は十月に終わる予定です。　공사는 10월에 끝날 예정입니다.

せっかく来たのに会えなくて残念ですね。

모처럼 왔는데도 만날 수 없어서 안타깝군요(유감이군요)

ここにお名前とご住所をお書きください。

여기에 성함과 주소를 적어 주세요.

何名さまですか。　　　　　　몇 명이십니까.

すみませんが、コーラも二杯、お願いします。

미안합니다만 콜라도 2잔 부탁합니다.

海外にはよく行かれますか。　해외에는 자주 나가십니까.

これから発表させていただきます。　이제부터 발표하겠습니다.

今日の会議はこれで終わらせていただきます。

오늘 회의는 이것으로 마치겠습니다.

今日はこれで失礼させていただきます。

오늘은 이것으로 실례하겠습니다.

あたたかいうちに召し上がってください。　따뜻할 때에 드십시오.

明日お宅へ伺ってもよろしいですか。　내일 댁으로 찾아뵈어도 좋습니까.

韓国からまいりました。　　한국에서 왔습니다.

こちらにいらっしゃってどのぐらいでしょうか。

이쪽에 오셔서 어느 정도 되십니까.(어느 정도이지요.)

ちょうど二ヶ月です。　　꼭 2개월입니다.

韓国での生活はどうですか。한국에서의 생활은 어떻습니까.

お陰さまで、本当に楽しかったです。　덕택에 정말로 즐거웠습니다.

部屋に忘れものをしてしまったのですが。

방에 물건을 잊고 나와 버렸습니다.

チェックアウトはなさいましたか。　체크아웃은 하셨습니까.

手帳のほうは、見当たらないということですが。

수첩은 눈에 띄지 않는다고 합니다만.

後日、見つかりましたらご自宅のほうにお送りいたします。

나중에 나타나면 댁으로 보내 드리겠습니다.

●●●● 알아 두어야 할 일본문화 ●●●

○ おじぎ   고개를 숙이며 하는 인사

　인사를 할 때는 보통 고개를 숙여 한다. 가볍게 고개를 숙이며 인사를 할 때는 등을 바로 펴고 허리 쪽에서 상체를 가볍게 앞으로 굽혀 인사를 한다. 이 때는 상대방 눈 조금 밑을 보도록 한다. 윗사람의 경우 상대방의 얼굴을 똑바로 보는 것은 실례가 된다. 상체를 앞으로 많이 굽히는 것이 좋다. 일본의 경우 악수를 할 때도 있지만 그다지 일반적인 모습은 아니다.

○ 会釈   가볍게 인사함

　「会釈」는 아무 말 없이, 상대방의 얼굴을 보면서 가볍게 고개를 숙이는 정도의 인사를 말한다. 말을 주고받을 정도의 친밀한 사이가 아닌 경우, 예를 들면 얼굴은 어딘가 본 적은 있지만 이름은 모르는 사람 등에게 건네는 인사라 할 수 있다. 보통 인사를 받았을 때 아무 말 없이 「会釈」만으로도 충분히 인사에 대한 답례가 될 수 있다.

○ 명함 - 일본인은 명함을 즐겨 주고받는데, 첫 대면 인사 때 주로 주고받는다. 명함을 교환할 때는 상대방보다 먼저 건네는 것이 예의이며, 이름이 상대방 쪽에서 읽기 쉽게 건넨다. 회사, 소속, 이름 등을 정확히 밝히면서 두 손으로 건네며, 받을 때도 두 손으로 받는다. 상대방 이름이 어려워서 잘 읽지 못할 경우 그 자리에서 물어 확인해도 실례가 되는 것은 아니다. 단 그 사람이 보는 앞에서 메모를 한다거나, 더럽히는 것은 매우 실례가 되므로 주의해야 한다. 받은 명함은 그 자리에서 확인한 다음 바로 넣지 않고 테이블 위에 두고 이야기한다면 상

대방을 잘못 부르는 실례를 범하는 일은 일어나지 않을 것이다. 명함은 명함 케이스나 명함 지갑에 넣어서 가지고 다니면 상대방에게 좋은 이미지를 줄 수 있을 것이다.

ㅇ「さようなら」는 조심해서 사용해야 한다. 이 어휘는 잘 쓰는 말이 아니다. 일단 거리감이 느껴지고 앞으로 한 동안 못 볼 것 같은 뉘앙스를 풍기고 있다. 헤어져서 다시 안 보면 괜찮겠지만 함부로 사용하기가 곤란하다. 헤어질 때 인사로는 여러 가지가 있지만 「失礼します」가 가장 무난할 것 같다.

ㅇ「お疲れ様でした」와 「ご苦労様でした」에 대한 구별은 「お疲れ様でした」는 동년배나 윗사람에게 쓸 수 있는 것인데 비해,「ご苦労様でした」는 위아래 관계가 명백한 경우 윗사람이 아랫사람에게 쓰는 인사말이다. 절대로 윗사람에게 쓰면 안 되는 말이다.

●●● 하루의 일과 속의 기본 대화 ●●●

朝、起きた。	아침에 일어났다.
顔を洗った。	세수를 하였다.
歯を磨いた。	양치질을 하였다.
朝ご飯を食べた。	아침을 먹었다.
服を着替えた。	옷을 갈아입었다.
コーヒーを飲んだ。	커피를 마셨다.
新聞を読んだ。	신문을 봤다.
靴を履いた。	구두를 신었다.
部屋を出た。	방을 나왔다.
バスを待った。	버스를 기다렸다.
電車に乗った。	전차를 탔다.
会社に着いた。	회사에 도착했다.
遅刻した。	지각했다.
電話をかけた。	전화를 걸었다.
仕事が終わった。	일이 끝났다.
レストランに行った。	레스토랑에 갔다.

友達と話した。　　　　　　친구와 이야기를 했다.

家に帰った。　　　　　　　집에 돌아왔다.

日記を書いた。　　　　　　일기를 썼다.

明日のことを考えた。　　　내일에 대해 생각했다.

十一時に寝た。　　　　　　11시에 잤다.

■■■ 문법 보충 설명 ■■■

△ 동사의 구분

어미의 변화에 따라 셋으로 구별하는 5단동사(1그룹 동사), 1단동사(2그룹 동사), 변격동사(3그룹 동사)의 구별법 외에 다음과 같은 기준으로 구분할 수 있다.

1. 목적어의 유무를 기준
○ 타동사(목적어를 취하며 그것에 영향을 끼치는 동사)
窓を開ける。창문을 열다.
○ 자동사(목적어를 취하지 않는 동사)
窓が開く。 창문이 열리다.

2. 의지의 유무
○ 의지동사(意志型으로 활용 가능) : 行く。読む。食べる。
東京へ行こう。 도쿄에 가자.
○ 무의지동사(단순 상태 표현) : ある。分かる。出来る。
机があろう。 책상이 있자.(×)

△ 존경어

行く、来る→いらっしゃる 가시다. 오시다.

いる→いらっしゃる　계시다.

行く、来る→おいでになる　가시다. 오시다.

行く、来る→お越しになる　가시다. 오시다.

言う→おっしゃる　　말씀하시다.

する→なさる　　　　하시다.

くれる→くださる　　주시다.

寝る→お休みになる　쉬시다. 주무시다.

食べる、飲む→召し上がる　잡수시다.

見る→ご覧になる　　　보시다.

~だ→でいらっしゃる　~이시다.

知っている→ご存じだ　아시다.

△ 겸양어

食べる、飲む、もらう→いただく　(삼가)받다. 먹다.

聞く、尋ねる→伺う　찾아뵙다. 여쭈다.

言う→申す、申し上げる　아뢰다. (삼가)말하다.

会う→お目にかかる　만나뵙다. 찾아뵙다.

来る、行く→参る　(삼가)가다. 오다.

あげる→差し上げる　드리다.

いる→おる   (삼가)있다.

知る→存じる   (삼가)알다.

見る→拝見する   (삼가)보다.

する→致す   (삼가)~하다.

△ 존재동사

사람, 동물 등을 나타내는「いる」와 사물, 식물 등을 나타내는「ある」가 있다. 실질적 구별의 기준은 자신의 의지로 이동할 수 있는 가에 있다.

誰(누구)   「いる   いない   います   いません」

ㅇ 池の中に亀がいます.   연못 속에 거북이가 있습니다.

何(무엇)   「ある   ない   あります   ありません」

ㅇ 池のそばに大きい木があります.   연못 옆에 큰 나무가 있습니다.

△보조동사「~ている」「~하고 있다. ~해 있다.」

여기서의「いる」는 보조동사로써 주어가 사람이나 사물에 관계없이 모두 쓰인다. 앞의 동사가 동작의 성질을 가지는가, 아니면 상태만을 나타내는 가에 따라 진행이나 상태를 보조해 주는 역할을 가진 것이 보조동사이다. 타동사는 현재진행을 나타내고, 자동사는 현재상태를 나타낸다.

○ 書いている   쓰고 있다. (현재 진행)

○ 子供はテレビを見ています。 어린이는 텔레비전을 보고 있습니다.

○ 開いている   열려 있다. (상태, 완료)

○ 壁に時計が掛かっています。 벽에 시계가 걸려 있습니다.

△ 嗜好 「~를(을) 좋아하다. 싫어하다.」

명사를 원하는 표현은 「ほしい」, 좋고 싫음을 나타내는 기호의 표현은 「好きだ, 嫌いだ」인 것이다. 타동사가 아니므로 목적격 조사 「を」와 어울리지 않는다.

○ 水がほしいです。   물이 필요합니다.

○ 私は猫が好きです。 나는 고양이를 좋아합니다.

○ 運動が嫌いです。   운동을 싫어합니다.

MEMO

제2과
호출할 때의 표현

呼ぶ。

2-1 ○○さん。 ○○씨.

■ 아침에 친구에게 말을 걸 때

A : Bさん。 おはよう。

B : Aさん。 おはよう。

평소 알고 지내는 사람을 자신에게 주목시키고자 할 때 이름을 부른다. 그 경우 성에 「さん」을 붙여 부르는 것이 일반적이다. 「○○さん」은 윗사람이나 별로 친하지 않는 사람에게도 크게 실례가 되지 않는다. 친구 사이의 경우 친해지면 「さん」을 붙이지 않고 성 또는 이름만 부르기도 한다. 그러나 일본에서는 성인이 된 후, 알게 된 사이일 경우는 나중에 그 사람과 친해지고 나서도 계속해서 성에 「さん」을 붙여 부르는 경우도 많다. 한국에서는 보통 「성」에 氏를 붙여서 부르지 않고 이름에 씨를 붙여 부르는 것이 보통이다.

2-2 　先生。 선생님.

■ **아침에 교수님께 말을 걸 때**

C : 先生。おはようございます。

D(先生) : あ、Cさん。おはよう。

일본에서는 「先生」와 같이 직책 명으로 사람을 부르는 경우가 일반적이다. 또한 이름을 붙여서 부르는 경우에도 「○○さん」이 아닌 「○○先生」로 부른다. 「あ」는 무엇인가를 알았을 때 생각 없이 하는 말이다.

2-3 　はい。 네.

■ **수업에 교수님이 출석을 부를 때**

先生 : Aさん。

A : はい。

자신의 이름이 불려져서 자신이 그곳에 있다는 것을 알려야 할 때에는 「はい」라고 대답한다. 수업 중에 호명되었을 때나, 사무실 등에서 호출을 받았을 때도 같다.

2-4 　○○君。 ○○군.

■ **수업에 교수님이 출석을 부를 때**

先生 : B君

B : はい。

교수님이나 친한 친구 사이일 경우 「ㅇㅇ君」이라고 부르는 것이 보통이다. 일반적으로 남학생은 「ㅇㅇ君」, 여학생의 경우는 「ㅇㅇさん」으로 부르는 것이 보통이다.

2-5 すみません。 실례합니다. 미안합니다.

■ 사무실에서 직원을 부를 때

A : すみません。

事務員 : はい。

사무실이나 상점 등에서 사무원 또는 점원을 불러 도움을 청해야 할 경우, 즉 부르기 위해서는 「すみません」이라고 말을 건넨다. 모르는 사람에게 길을 물을 때도 사용된다. 「すみません」은 「すいません」이라고 발음될 경우도 있다.

2-6 ちょっと。 잠깐.

■ 교수님이 부르셔서 대답할 때

先生 : A君。ちょっと。

A : はい。

「ちょっと」는 여기에서는 「잠시 용건이 있다」는 정도의 의미를 가지고 있다.

「ちょっと」를 단독으로 윗사람에게 사용하면 실례가 될 수도 있기 때문에 조심하는 것이 좋다.

2-7 ｜ ねえ。 있잖아.

■ 강의실에서 옆 친구를 부를 때

A : ねえ。

B : なに?

친한 사이일 경우 쓰는 「ねえ」는 자주 사용되는 편이며, 「ねえ、ねえ」라고 반복해서 사용할 때도 있다. 「何」는 「무엇, 왜」라는 뜻이다. 여기에서는 「왜 그래. 무슨 일 있어.」라는 의미를 내포하고 있다. 「何」도 친한 사이에서만 사용된다.

2-8 ｜ もしもし。 여보세요.

■ 전화를 할 때

A : もしもし。

B : はい、Bです。

「もしもし」는 전화상으로 상대방을 부를 때 사용한다. 또한 길에서 모르는 사람에게 말을 걸 때에도 사용된다.

보충 단어

公務員 （こうむいん）	공무원
サラリーマン	회사원
自営業 （じえいぎょう）	자영업
教師 （きょうし）	교사
芸能人 （げいのうじん）	연예인
アルバイト	아르바이트
フリーター	아르바이트로 사는 사람
私 （わたし）	저
貴方 （あなた）	당신
彼 （かれ）	그, 그 사람
彼女 （かのじょ）	그녀
大人 （おとな）	어른
子供 （こども）	어린이
赤ちゃん （あか）	아기
お年寄り （としょり）	노인
友達 （ともだち）	친구

友人 （ゆうじん）	친구
会長 （かいちょう）	회장
社長 （しゃちょう）	사장
部長 （ぶちょう）	부장
次長 （じちょう）	차장
課長 （かちょう）	과장
係長 （かかりちょう）	계장
会社員 （かいしゃいん）	회사원
事務員 （じむいん）	사무원
職員 （しょくいん）	직원
取締役 （とりしまりやく）	중역
上役 （うわやく）	상관, 상사
下役 （したやく）	부하직원
君 （きみ）	그대, 자네
お前 （まえ）	너, 자네
姉妹 （しまい）	자매
赤ちゃん （あか）	갓난아기

従兄（いとこ）	사촌
息子（むすこ）	자식, 아들
娘（むすめ）	딸, 처녀
孫（まご）	손자
結婚（けっこん）	결혼
夫婦（ふうふ）	부부
結婚式（けっこんしき）	결혼식
披露宴（ひろうえん）	피로연
旦那（だんな）	주인, 남편(자신의)
家内（かない）	집사람
夫人（ふじん）	부인
女房（にょうぼう）	부인, 처(자신의)
恋愛（れんあい）	연애
恋人（こいびと）	연인, 애인
お見合い（みあい）	선
長男（ちょうなん）	장남
長女（ちょうじょ）	장녀

次男 じなん	차남
町 まち	마을, 시내
村 むら	마을, 촌락
田舎 いなか	시골
都会 とかい	도시
病院 びょういん	병원
外科 げか	외과
歯科 しか	치과
歯医者 はいしゃ	치과의사
内科 ないか	내과
病気 びょうき	병
入院 にゅういん	입원
退院 たいいん	퇴원
診察 しんさつ	진찰
治療 ちりょう	치료
元気だ げんき	건강하다
丈夫だ じょうぶ	튼튼하다

好^すきだ	좋아하다
嫌^{きら}いだ	싫어하다
いやだ	싫다
大変^{たいへん}だ	큰일이다
簡単^{かんたん}だ	간단하다
楽^{らく}だ	편하다. 쉽다.
真面目^{まじめ}だ	성실하다
親切^{しんせつ}だ	친절하다
暇^{ひま}だ	한가하다
立派^{りっぱ}だ	멋있다. 훌륭하다.
おしゃれだ	멋있다. 세련되다.
素敵^{すてき}だ	근사하다
幸^{しあわ}せだ	행복하다
有名^{ゆうめい}だ	유명하다
便利^{べんり}だ	편리하다
シャイだ	부끄럽다. 부끄러워하다.
変^{へん}だ	석연치 않다
安全^{あんぜん}だ	안전하다

き けん 危険だ	위험하다
たいせつ 大切だ	소중하다
だい じ 大事だ	중요하다
かわいそう 可哀想だ	불쌍하다
もっとも	무엇보다도, 가장
いちばん 一番	제일
とく 特に	특히
とても	매우
たいへん 大変	대단히
ひ じょう 非常に	굉장히
ずいぶん	무척, 꽤
かなり	상당히, 꽤
けっこう 結構	꽤
なかなか	제법, 꽤, 상당히
まあまあ	그럭저럭
あまり	그다지
べつ 別に	별로
それほど	그 정도로

全然 (ぜんぜん)	전혀
ちっとも	조금도
まったく	하나도, 완전히
いっぱい	가득
だいぶ	많이, 꽤
たくさん	많이
ちょっと	약간, 조금
もっと	더욱, 더
割合(に) (わりあい)	비교적
ちょうど	딱, 마침
例えば (たと)	예를 들면
絶対(に) (ぜったい)	절대로
なるべく	되도록, 될 수 있는 대로
きっと	꼭, 반드시
ぜひ	부디, 반드시
どうしても	어떻게라도
もしかしたら	어쩌면
どうも	아무래도
たしか	분명히, 확실히
多分 (たぶん)	아마
もし	만약, 만일
まだ	아직
すでに	이미, 벌써

やっと	간신히, 겨우
ようやく	겨우
なぜ	왜
どうして	어째서, 왜
なんで	무엇 때문에
どう	어떻게
いくら	아무리, 얼마
どんなに	아무리, 어떻게
だんだん	점점
どんどん	쑥쑥, 성큼
こつこつ	꾸준히
いよいよ	드디어
とうとう	마침내, 결국

활용 문형

うん、そう。	응, 그래.
誕生日おめでとう。	생일 축하 해.
卒業おめでとう。	졸업 축하 해.
それちょっと見せて。	그거 좀 보여 줘.
ちょっと手伝って。	좀 도와 줘.
ちょっと待って。	잠깐 기다려 줘.
頭が痛い	머리가 아프다.
目が赤い	눈이 충혈되다.
顔色が悪い	안색이 나쁘다.
咳が出る	기침이 나다.
鼻がつまる	코가 막히다.
肩がこる、肩がはる	어깨가 걸리다.
歯が痛い	이가 아프다.
腰が痛い	허리가 아프다.
お腹が痛い	배가 아프다.

昨日、彼女は学校に来た?　　어제 그녀는 학교에 왔어?

ううん、来なかった。　　응 오지 않았어.

何で?　　왜

一昨日、喧嘩したんだ。　　어저께 싸웠어.

何でけんかしたの?　　왜 싸웠지?

俺が嫌いなやつと一緒に学校に来たから。

내가 싫어하는 녀석과 함께 학교에 왔으니까.

そんなことでけんかしたの?　　그런 일로 싸우는 거야?

でも、そいつ、男だよ！　　그러나 그녀석도 사내야!

仲直りした?　　화해했어?

ううん。　　응 뭐.

仲直りしないの?　　화해하지 않을 거야?

ううん、するよ。今日、電話する。　　응 화해할거야. 오늘 전화해야지.

ええ、そうです。　　예, 그렇습니다.

あの(う)、すみません。　　저, 실례합니다.

はい、何でしょうか。　　네, 무슨 일이시지요.

お手洗いはどこですか。　　화장실은 어디입니까.

あちらですよ。　　저쪽입니다.

これは本です。　　이것은 책입니다.

それはノートではありません。　それは 노트가 아닙니다.

それはビデオでした。　　　　그것은 비디오였습니다.

彼は先生ではありませんでした。　그는 선생님이 아니었습니다.

あれは田中さんの時計ですか。저것은 다나카 씨의 시계입니까.

いいえ、あれは私の時計じゃありません。

아니요, 저것은 내 시계가 아닙니다.

いいえ、赤くないです。青いです。　아니요, 빨갛지 않습니다. 파랗습니다.

そのパソコン、小さいですか。　그 노트북 작습니까. (작네요.)

ええ、ちょっと高いけど、小さいし、軽いし、とても便利ですよ。

네, 조금 비싸지만, 작기도 하고 가볍기도 하고 매우 편리합니다.

あのきれいな人は誰ですか。　저 예쁜 사람은 누구입니까.

女優の中村さんです。　　　여배우인 나카무라 씨 입니다.

有名な人ですか。　　　유명한 사람인가요.

ええ、とても有名な人です。　네, 매우 유명한 사람입니다.

あ、そうだ。明日は暇ですか。아 맞다.(아 참) 내일 한가하십니까.

じゃあ、一緒に映画でも見に行きませんか。

그럼 함께 영화라도 보러 가지 않을래요. 않겠습니까.

いいですよ。　　　　　　좋아요.(좋은 생각이네요.)

どうでしたか。　　　　어땠습니까.

金さんは何時に起きますか。 김 씨는 몇 시에 일어납니까.

そうですね。たいてい五時ごろ起きます。

글쎄요.(그러니까) 대개 5시경 일어납니다.

早いですね。寝るのは何時ですか。 이르군요. 자는 것은 몇 시입니까

遅くても11時には寝ます。　　늦어도 11시에는 잡니다.

朝は何を食べますか。　　아침은 무엇을 먹습니까.

トーストを食べます。　　토스트를 먹습니다.

ご飯は食べませんか。　　밥은 먹지 않습니까.

ご飯はあまり食べませんね。 밥은 그다지 먹지 않습니다.

本日は予約がいっぱいですが。　오늘은 예약이 꽉 찼습니다만.

この荷物を預けたいのですが。　이 짐을 맡기고 싶은데요.

ベルデスクの方へお申しつけてください。

벨 데스크 쪽으로 부탁해 주세요.

薄切りの牛肉を長く煮ると、固くなります。

엷게 자른 소고기를 오래 삶으면 굳어집니다.

今はもう慣れましたから、楽しいです。

지금은 이제 익숙해졌으니까 즐겁습니다.

関東バスも西武バスも通ります。 관동 버스도 세이부 버스도 통과합니다.

湿布薬をあげますから、毎日はりかえてください。

습포약을 드리겠으니 매일 갈아붙이세요.

治るまでにおふろに入らないでください。

나을 때까지 목욕을 삼가하여 주세요.

ご飯を食べた後、飲んでください。 밥을 먹은 후(식후) 먹으세요.

これだけ先に取りにきます。 이것만 먼저 찾으러 오겠습니다.

赤ちゃんの歯が生えてきました。 애기의 치아가 났습니다.

彼女の日本語はだんだんうまくなっていきます。

그녀의 일본어는 점점 능숙하게 되어 갑니다. (실력이 늘어납니다)

新聞によると、あの二人は恋人同士だそうです。

신문에 의하면 저 두 사람은 연인끼리라고 합니다.(랍니다)

彼女は最近きれいになりました。 그녀는 요즘 예뻐졌습니다.

病気のお見舞いには果物とかお花などが好まれます。

병문안에는 과일이라든가, 꽃 등이 호평을 받습니다.(인기가 있습니다)

今年の春には何色がはやるでしょうか。

올해 봄에는 무슨 색이 유행할까요.

明日の天気はどうですか。 내일 날씨는 어떻습니까.

月曜日には会議に出席するつもりです。

월요일에는 회의에 출석할 예정입니다.

今度、日本語能力試験の一級を受けることにしました。

이번 일본어능력시험 1급 시험을 치기로(응시하기로) 하였습니다.

それでなんだか落ち着かないんです。

그래서 왠지 마음이 안정되지 않습니다.(마음이 불안합니다)

試験まであと二ヶ月以上ありますから大丈夫です。

시험까지 앞으로 2개월 이상 있으니까 괜찮습니다.

そんなに心配しないで頑張ってください。

그렇게 걱정하지 말고 노력하세요.

今日からお酒を止めることにしました。 오늘부터 술을 끊기로 하였습니다.

結婚式まであと一ヶ月あまりです。

결혼식까지 앞으로 1개월 정도 남았습니다.

家を買うためには朝から晩まで働かなければならない。

집을 장만하기 위해서는 아침부터 밤까지 일하지 않으면 안 된다.

これは日本のお酒です。どうぞ。 이것은 일본 술입니다. 드세요.

佐藤さん、こちらは留学生の李さんです。

사토 씨, 이쪽은 유학생인 이 씨입니다.

田中さんは料理が下手です。 다나카 씨는 요리가 서툽니다.

ぶとうよりりんごの方がおいしいです。 포도보다 사과 쪽이 맛있습니다.

韓国の中でどこが一番にぎやかですか。 한국 중에서 어디가 가장 번화합니까.

この金額でできるかどうか、教えてください。

이 금액으로 살 수 있을지 어떨지 가르쳐 주세요.

間に合うかどうかわかりませんが、とにかく急いでやってみましょう。

시간에 맞춰질지 어떨지 모르겠지만 어쨌든 서둘러 해 봅시다.

新記録、おめでとうございます。　신기록 축하합니다.

ずいぶん練習されたでしょう。　많이 연습하셨지요.

ええ、できるだけやりました。　예, 할 수 있을 만큼(최선을) 했습니다.

努力はするつもりですが、だめかも知れません。

노력은 할 생각입니다만 안 될지도 모릅니다.

謙遜ですね。　　　　　　겸손하시군요.

記録は必ずだれかに破(やぶ)られるんです。

기록은 반드시 누군가에게 깨지니까요.

終わりまでやるつもりでしたが、難しくて、とうとう途中でやめました。

끝까지 할 생각이었습니다만 어려워서 결국 도중에 그만 두었습니다.

重要な法案が通ってよかったんですね。

중요한 법안이 통과해서 좋으시겠군요.

まあ、反対もあったけれどね。　　뭐, 반대도 있었지만요.

次にしようと考えておられることはどんなことですか。

다음에 하려고 생각하고 있으신 것은 어떤 것입니까.

お休みには何をなさいますか。　　쉴 때는 무엇을 하십니까.

とにかく頭を休めようと思ってるよ。

어쨌든 머리를 식히려고 생각하고 있어요.

別々に札をお付けいたします。　　따로따로 짐표를 붙이겠습니다.

大事なものは入れてありません。　중요한 것은 들어 있지 않습니다.

呼び出しをしてもらいたいんですが。　(누구 좀)호출해 주셨으면 합니다만.

どちらでお待ち合わせでしょうか。　어디서 만나기로 하셨습니까.

相手の方のお名前はなんでしょうか。　상대방의 성함은 무엇입니까.

あちらにお待ち合わせの方がいらっしゃいます。

저쪽에 손님을 기다리시는 분이 계십니다.

パスポートと航空券をなくしてしまって。

여권과 항공권을 잃어 버려서요.

それは大変ですね。　　　그건 큰일이군요.

フロントの者にお申しつけになってください。

프론트 담당자에게 가셔서 말씀해 보세요.

帰国に必要な書類を作ってもらってください。

귀국에 필요한 서류를 발급받도록 하십시오.

こちらのホテルの案内をご覧ください。

여기 있는 호텔 안내도를 봐 주세요.

●●● 알아 두어야 할 일본문화 ●●●

○「お前(너, 자네)」는 남성이 아주 친한 친구나 아랫사람에게 쓰는 말이다. 별로 친하지 않는 친구에게는 상대방 이름이나 애칭을 직접 부르는 것이 좋다. 「あなた」는 「당신」이라는 뜻으로 일본에서는 잘 안 쓰는 말이다. 상대방을 부를 때는 이름을 직접 부르는 것이 가장 무난하다. 「~さん」이라고 하면 된다.

○ 일본에서는 남자 이름을 부를 때 흔히 「君」이라는 말을 쓴다. 친하면 아무 것도 붙이지 않고 이름을 직접 부를 수도 있다. 직장에서 상사가 부하 여직원을 부를 때도 「군」이라고 부르는 경우가 있다. 특히 나이 많은 세대 사이에서도 당연히 그렇게 불렀다. 요즘은 「さん」을 쓰는 경우가 더 많아졌다. 그 외의 경우에는 보통 남자 이름 뒤에 붙여 쓰는 것이 일반적이라 할 수 있다.

○ 한국어의 「예」에 해당하는 표현은 일본어의 경우는 「はい」인데, 사실은 「はい」라는 어휘는 좀 딱딱한 대답이라 할 수 있다. 교수님이 출석을 부를 때나 상사의 지시를 받을 때 등에 「はい」라고 대답한다. 일상적으로 대화를 나눌 때는 「ええ」 정도가 가장 무난하다. 편하게 말을 나누고 있는 장소에 「はい」라는 어휘를 쓰면 너무 딱딱하고 경직된 느낌을 준다.

○ 일본 사람과 한국 사람은 감정 표현을 함에 있어서 그 감정을 오버하는 패턴이 다르다. 일본 사람들은 상대방을 기쁘게 해 주는 말, 상대방의 기분을 안 상하게 하는 말, 즉 「고맙다」, 「미안하다」는 말을 굉장히 과장해서 표현하는 것이 습관적으로 몸에 배어 있다. 특히 여자들은 그런 경향이 더욱 강하게 드러난다. 이에 비해서 한국 사람들은 자기에게 좋은 일이 일어난 것에 대해서 너무 오버하게 좋아하고 감사 표시를 하면 오히려 보기 흉하다고 생각하기도 한다.

반면에 자기 자신을 변명해야 하는 경우, 또는 누구랑 싸움이 일어났다든가, 화를 낼 때 등에는 지나치게 오버하는 경향이 나타난다. 성격이 급하고 직설적이고 너무 솔직한 한국 국민성을 나타낸 반영이라 할 수 있다. 그런 상황에서는 일본 사람들은 최대한 자신의 감정을 억누른다. 자신의 감정을 함부로 드러내는 것은 경박하다고 보기 때문이다.

▪▪▪ 문법 보충 설명 ▪▪▪

△ 희망 「~하고 싶다. ~했으면 좋겠다.」

「~たい」는 동사의 「ます형」에 연결되어 「~하고 싶다」는 뜻이 된다. 「ほしい」「もらいたい」는 받고 싶은 마음, 원하는 마음을 표현한다. 그러한 경우에는 「~てほしい」「~てもらいたい」의 형태로 「~을 해주기 바란다」는 표현이 된다. 즉 타인의 행동을 원하는 표현이다.

ㅇ「~を~/ ~が　~たい」「~을(가) 하고 싶다.」

コーヒーが飲みたい。　　커피를 마시고 싶다.

ㅇ「SにVてほしい」　　　「S가 V해 주었으면 좋겠다」

家に来てほしい。　　　　집에 와주기 바란다.

ㅇ「SにVてもらいたい」　「S가 V해 주었으면 좋겠다」

私の作品をみんなに見てもらいたい。　나의 작품을 모두 봐 주었으면 한다.

△ 양자 비교

둘 중에서 하나를 선택하는 것을 양자비교라 한다면, 셋 이상 중 하나를 선택하는 것을 다수비교라 할 수 있다.

1. 선택요구 「AとB(と)どちらがCですか。」「~와 ~(와) 누가, 무엇이 ~합니까.」

ㅇ 金さんと鈴木さんと、どちらが背が高いですか。

김 씨와 스즈키 씨 어느쪽이 키가 큽니까.

2. 우등선택 「~のほうが ~より(もっと)です。」「~쪽이 ~보다 (더)~합니다.」

○ 金さんのほうが背が高いです。　김 씨 쪽이 키가 큽니다.

3. 열등선택 「~は ~ほど ~くありません。」「~는 ~만큼 ~하지 않습니다.」

　○ 今日より明日のほうが都合がいいです。

　　오늘보다 내일(쪽)이 형편이 좋습니다.

△ 다수 비교

의문사를 사용한다. 대답은 「~の中で, 一番」 등을 사용한다.

1. 선택요구 「~の中で ~が一番 ~ですか。」「~중에서 ~가 가장 ~합니까. 」

○ タクシーとバスと電車の中で何が一番便利ですか。

　택시와 버스와 전철 중에서 무엇이 가장 편리합니까.

2. 선택 「~の中では ~が一番 ~です。」「~중에서는 ~이 가장 ~합니다.」

　○ 日本の山の中では富士山が一番高いです。

　　일본 산 중에서 후지산이 가장 높습니다.

△ 동사의 종류와 「ます형(연용형)」

동사는 모두 9개의 어미로만 끝이 난다. 동사는 세 그룹으로 나눌 수 있다. 5

단동사(「ます형」에서 어미가 변화하는 동사), 1단 동사(「ます형」에서 어미「る」가 탈락하는 동사, 변격활용동사(어미가 변칙적인 활용을 하는 동사)

  ○ 기본형, 「~ます」(~합니다), 「~ました」(~하였습니다), 「~ません」(~하지 않습니다), 「~ませんでした」(~하지 않았습니다)

  예) 読みます。読みました。読みません(読まないです)。読みませんでした。

(読まなかったです)

MEMO

제3과
묻고 대답할 때의 표현

聞く － 答える。

3-1 はい。 예. 네.

■ 사무원이 학생의 이름을 확인할 때

事務員 : Aさんですか。

A : はい。

「です」에 「か」를 붙이면 의문문이 되며, 「Aさんですか」는 「A씨 입니까」라는 뜻이 된다. 어떤 사항에 대해 질문을 받게 되었을 때 보통 긍정의 대답으로는 「はい」를 사용하는 것이다.

3-2 いいえ。 아니오.

■ 사무원이 학생 이름을 확인할 때

事務員 : Aさんですか。

B : いいえ、Bです。

　어떤 사항을 질문 받았을 때, 부정하는 대답으로 보통 「いいえ」를 사용한다. 자신의 이름을 말할 때는 「さん」을 붙여서는 안 된다.

3-3 　はい、そうです。　예, 그렇습니다.

■ 사무실을 찾을 때

A : 事務室はここですか。

事務員 : はい、そうです。

　「ここ」는 「여기」라는 의미이며, 「事務室はここですか」는 「사무실은 여기입니까?」라는 의미가 된다. 긍정의 대답으로 「はい」만으로도 충분하지만 「そうです」(그렇습니다)를 덧붙이게 되면 긍정의 의미가 확실히 전달되는 것이다.

3-4 　いいえ、ちがいます。　아니오, 아닙니다.

■ 연구실을 찾을 때

B : 研究室はここですか。

事務員 : いいえ、ちがいます。

　부정의 답으로 「いいえ」만으로도 충분하지만, 「ちがいます」(아닙니다, 다릅니

다)를 덧붙이게 되면 부정의 의미가 강하게 전달된다.

3-5 いいですか。 괜찮습니까. 좋습니까.

■ 사무원에게 서류를 확인해 보이는 때

A : いいですか。

事務員 : ええ、いいですよ。

「いい」는 「좋다」는 의미를 갖고 있지만 「いいですか」에는 여러 가지 의미가 있다. 따라서 사용에 있어서 주의해야 한다. 여기에서의 「いいですか」는 「이것이 바르게 잘 되었습니까?」라는 의미가 함축되어 있다. 정확한 지에 대해 확인하고 싶을 때 「いいですか」라고 하면, 정확한지 틀렸는지를 확인할 수가 있다. 긍정의 의미인 「はい」는 「ええ」와 같은 의미를 가지고 있다. 「いいですよ」와 같이 끝에 「よ」를 붙이게 되면 대화에 친근감이 더해진다.

3-6 ここ、いいですか。 여기, 괜찮아요?

■ 상대방의 의견을 확인해야 할 필요가 있을 때

B : ここ、いいですか。

客 : ええ、どうぞ。

여기에서의 「いいですか」는 「허락해 주겠습니까?」라는 의미를 가지고 있다. 「ここ、いいですか」는 「여기에 앉아도 괜찮습니까?」라는 의미가 내포되어 있다. 또한 앉고 싶은 장소나 사용하고 싶은 물건을 가리키며, 「いいですか」라고 말하면 「앉아도 괜찮습니까」 「사용해도 괜찮습니까」라는 의미로도 사용이 된다. 여기에서의 「どうぞ」는 허락을 나타내는 공손한 표현이다.

3-7 え? 네?

■ 식당 등에서 잘못 들었을 때

A : …

B : え? なんですか。

「え?」는 무엇인가를 말을 했지만, 정확히 잘 못 알아들었을 때에 사용한다. 끝 부분을 올려서 말한다. 「何」은 「무엇」이라는 뜻이며 「え? 何ですか?」는 「잘못 들었습니다. 무엇이라 했습니까?」라는 의미를 가지고 있다.

3-8 はい? 네?

■ 사무원의 말이 잘 들리지 않을 때

事務員 : 外国人登録証は?

C : はい?

「はい?」는 말을 잘 알아듣지 못해서 다시 물을 때 사용한다. 기본적으로 「え?」와 사용법이 같다.

보충 단어

<ruby>右側<rt>みぎがわ</rt></ruby>	우측
<ruby>左側<rt>ひだりがわ</rt></ruby>	좌측
<ruby>上<rt>うえ</rt></ruby>	위, 상단
<ruby>下<rt>した</rt></ruby>	아래, 아래쪽
<ruby>横<rt>よこ</rt></ruby>	옆, 곁
<ruby>中<rt>なか</rt></ruby>	안, 속, 가운데
<ruby>外<rt>そと</rt></ruby>	바깥, 겉
<ruby>前<rt>まえ</rt></ruby>	앞
<ruby>後<rt>うしろ</rt></ruby>	뒤(장소)
<ruby>右<rt>みぎ</rt></ruby>に<ruby>曲<rt>ま</rt></ruby>がる	오른쪽으로 돌다.(굽다)
ゆき<ruby>止<rt>ど</rt></ruby>まり	막다른 곳
<ruby>交番<rt>こうばん</rt></ruby>のとなり	파출소 옆
デパートの<ruby>向<rt>む</rt></ruby>かい	백화점 맞은편
<ruby>道<rt>みち</rt></ruby>をわたる。	길을 건너다.
<ruby>通<rt>とお</rt></ruby>る	건너다. 통과하다.

こうさてん 交差点	사거리
がくせい 学生	학생
せんせい 先生	선생님
せんぱい 先輩	선배
こうはい 後輩	후배
だいがくさい 大学祭	대학 축제
はるやす 春休み	봄방학(봄휴가)
なつやす 夏休み	여름방학
ふゆやす 冬休み	겨울방학
きゅうがく 休学	휴학
ほこう 補講	보강
ゼミ	세미나, 연구하는 수업
ひるやす 昼休み	점심시간(낮 쉬는 시간)
クラブ	동아리
じゅく 塾	학원
ろうにん 浪人	재수생
みせ お店	가게, 상점
きっさてん 喫茶店	찻집

コーヒーショップ	커피숍
八百屋	채소가게
本屋	책방, 서점
レストラン	레스토랑
ラーメン屋	라면가게
カラオケ	가라오케
美容院	미용원
酒屋	술집
駅	역
チケット売り場	표 파는 곳
売り場	매장
乗り場	정거장, 정류장
プラットホーム	플렛트홈
教会	교회
寺	절
神社	신사
宗教	종교
銀行	은행

貯金（ちょきん）	저금
通帳（つうちょう）	통장
預金（よきん）	예금
公園（こうえん）	공원
砂場（すなば）	모래사장
シーソー	시소
ブランコ	그네
デパート	백화점
バーゲン	세일
セール	세일
品物（しなもの）	물품, 물건
新聞（しんぶん）	신문
新聞社（しんぶんしゃ）	신문사
朝刊（ちょうかん）	조간신문
夕刊（ゆうかん）	석간신문
苺（いちご）	딸기
キウィ	키위
パイナップル	파인애플
蜜柑（みかん）	귤

柚子（ゆず）	유자
桃（もも）	복승아
林檎（りんご）	사과
レモン	레몬
葡萄（ぶどう）	포도
バナナ	바나나
梨（なし）	배
柿（かき）	감
オレンジ	오렌지
西瓜（すいか）	수박
桜桃（さくらんぼ）	체리
メロン	멜론
若（わか）い	젊다
幼（おさな）い	어리다
大（おお）きい	크다
小（ちい）さい	작다
太（ふと）い	굵다
細（ほそ）い	날씬하다

青い	파랗다
茶色い	갈색이 나다
痛い	아프다
硬い	딱딱하다
柔らかい	부드럽다
きつい	힘들다. 벅차다.
厳しい	힘들다. 엄하다.
苦しい	고통스럽다
やさしい	쉽다. 상냥하다. 자상하다.
大人しい	얌전하다. 어른스럽다.
うるさい	시끄럽다. 귀찮다.
素晴らしい	멋있다. 훌륭하다.
すごい	멋있다. 굉장하다.
かっこいい	멋있다. 끝내준다.
かわいい	귀엽다
美しい	아름답다
楽しい	즐겁다
しょっぱい	짜다
温い	미지근하다

珍しい	진귀하다. 희한하다.
深い	깊다
浅い	얕다
おかしい	웃기다. 이상하다.
仲がいい	사이좋다
すばやい	재빠르다
鈍い	굼뜨다
眠い	졸리다
だるい	노곤해지다
つらい	괴롭다
怖い	무섭다
寂しい	외롭다
正しい	올바르다
怪しい	수상하다
頭が痛い	머리가 아프다
危ない	위험하다
有り難い	고맙다
ない	없다
ひどい	심하다

めでたい	경사스럽다
ほしい	갖고 싶다. 필요하다.
とても	매우
すこし	조금
かなり	상당히
ちょっと	좀, 조금
ずいぶん	무척, 꽤
もっと	더, 더욱
すべて	전부, 모두
ずっと	훨씬, 줄곧
あまり (부정을 수반)	별로, 그다지
ほとんど(부정을 수반)	거의
ちっとも(부정을 수반)	조금도
めったに(부정을 수반)	거의, 좀처럼
もう(부정을 수반)	이제
たぶん	아마
たとえ	가령
きっと	분명히, 반드시
もしかすると	어쩌면
かならず	반드시, 꼭
もし	만약, 만일
どうか	제발
どうして	어째서
どうぞ	부디

なぜ	왜
ぜひ	꼭
なんで	왜, 무엇 때문에, 어째서
いまにも	지금이라도
いよいよ	드디어
ちょうど	마치, 꼭
ようやく	겨우
まるで	마치
ついに	마침내, 끝내
やっと	겨우, 간신히
わんわん	(개)멍멍
どきどき	(가슴)두근두근
カアカア	(까마귀)까악까악
ひそひそ	소곤소곤
みんみん	(매미)맴맴
ぶるぶる	부들부들

활용 문형

あのう、ちょっとすみません。	저, 잠시 실례하겠습니다.
ちょっとお伺いします。	잠시 여쭙겠습니다.(잠깐 찾아뵙겠습니다)
お尋ねします。	여쭙겠습니다.
どのくらいかかりますか。	어느 정도 걸립니까.
原宿へ行きたいんですが。	하라주쿠에 가고 싶습니다만.
うん、いいよ。	응, 좋아. 그래.
うん、わかった。	응, 알았어.
わかった。	알았어.
わかりました。	알겠습니다.
畏まりました。	알겠습니다.(매우 공손한 말)
承知しました。	알겠습니다.(매우 공손한 말)
承知いたしました。	알겠습니다.(공손한 承知しました보다 더 공손한 말)
気にしないで。	신경 쓰지 마. 신경 쓰지 않아도 돼.
気にしないでください。	신경 쓰지 마세요.
お構いなく。	신경 쓰지 마.(마세요)
それはいけませんね。	그거 안 되었군요.(상대방이 「아프다」는 말을 했거나 잘 안 된 일에 대해서 말했을 때

의 대답으로 쓰이는 말)

忙しかったら来なくてもいいんです。　바쁘면 오지 않아도 됩니다.

窓を開けてもいいですか。　　창문을 열어도 좋습니까.

テレビを見てもいいですか。　텔레비전을 봐도 좋습니까.

タバコを吸ってもいいですか。담배를 피워도 괜찮겠습니까.

だめ。　　　　　　　　　안 돼.

いらっしゃいませ。　　　　어서 오십시오.

ご記入ください。　　　　　기입해주십시오.

書かなくてもいいですか。　쓰지 않아도 좋습니까.

どういたしまして。　　　　천만에요.

いっしょに食べませんか。　함께 먹지 않겠습니까.

ここに座りましょうか。　　여기에 앉을까요?

バスに乗りましょう。　　　버스를 탑시다.

明日のお天気はどうでしょうか。　내일 날씨는 어떨까요.

ここをまっすぐ行くと、エスカレーターがございます。

여기를 곧장 가면 에스컬레이트가 있습니다.

帽子売り場をご存じですか。모자 매장을 아십니까.

どこを受けるんですか。　　어디를 응시할 겁니까.

受験勉強は進んでいますか。수험 공부는 잘 진행되고 있습니까.

電話をしないで訪問してはいけません。

전화를 하지 않고 방문해서는 안 됩니다.

あらかじめ電話で日時を約束します。 미리 전화로 일시를 약속합니다.

勝手にドアや戸を開けてはいけません。

멋대로 방문이나 문을 열어서는 안됩니다.

お口に合わないかもしれませんが、召し上がってください。

입에 안 맞을지 모르겠지만 드십시오.

先日はどうもありがとうございました。 지난번은 대단히 고마웠습니다.

来年のカレンダーがほしいです。 내년 달력을 갖고 싶습니다.

お土産が買いたいです。   선물을 사고 싶습니다.

そこの本屋に寄ってから、帰ります。

거기 책방에 들르고 나서 돌아가겠습니다.

気をつけて帰ってくださいね。 조심해서 가십시오.

一杯飲みに行きましょう。   한잔 마시러(하러) 갑시다.

ちょっと休みましょうか。   잠깐 쉴까요.

シャワーを浴びてから寝ます。 샤워를 하고 나서 잡니다.

恐れ入りませんが、もう一度おっしゃってください。

죄송합니다만, 다시 한번 말씀해 주십시오.

よくわかりませんが、ゆっくりお話しくださいませんか。

잘 모르겠으니 천천히 말씀해 주시지 않겠습니까.

金さんはどこに住んでいますか。　김 씨는 어디에 살고 있습니까.

田中さん、お台場へ行ったことがありますか。

다나카 씨 오다이바에 간 적이 있습니까.

明日一緒に食事しませんか。　내일 함께 식사하지 않겠습니까.

ここに座ってもいいですか。　여기에 앉아도 좋습니까.

いいですよ。どうぞ。　　　　좋아요. 그렇게 하세요.

教室で食事をしてはいけません。　교실에서 식사를 해서는 안 됩니다.

大丈夫ですから心配しないでください。

괜찮으니까 걱정하지 말아 주세요.

明日から出張だと言いました。　　내일부터 출장이라고 말하였습니다.

金さんは実力のある人だから合格すると思います。

김 씨는 실력있는 사람이니까 합격하리라 생각합니다.

勉強もしないで試験を受けました。　공부도 하지 않고 시험을 쳤습니다.

事務室の引っ越しはどうなりましたか。사무실의 이사는 어떻게 되었습니까.

日本語のテストはもう来月です。일본어 시험은 이제 다음달입니다.

あまり無理しないでゆっくりしてください。

너무 무리하지 말고 천천히 하세요.

특히 북쪽으로 향하는 도로는 차가 2킬로미터에 걸쳐서 정체입니다.

しかたがない。東から行こう。こっちも込んでいるな。

어쩔 수 없네. 동쪽으로 가자. 이쪽도 막히고 있네(있구나).

いま北の方は渋滞がなくなって、車が動きだしています。

지금 북쪽은 정체가 없어져서 차가 움직이기 시작합니다.

何か悲しいのかわからないが、あの子はとつぜん泣きだした。

뭐가 슬픈지 모르겠지만 저 아이는 갑자기 울기 시작했다.

ドラマが終わったから、テレビを消そう。

드라마가 끝났으니까 텔레비전을 끄자.

消さないで。催し物の案内が始まるから。

끄지 말아요. 행사 안내가 시작하니까.

講演についてお知らせします。　　강연에 대해서 알려드립니다.

デパートのセールにのご案内です。　백화점의 세일에 대한 안내입니다.

お金が無駄になるよ。　　　돈 낭비야.

今日は健康とストレスの関係についてのお話しします。

오늘은 건강과 스트레스의 관계에 대해서 이야기하겠습니다.

ストレスほど有害なものはないのです。

스트레스만큼 유해한 것도 없습니다.

大きな仕事を終わってみんなでビールを飲むことほど楽しいことはありません。

큰일을 끝내고 모두 같이 맥주를 마시는 것만큼 즐거운 것도 없습니다.

いろいろな悩みはあるけれど、あの人と仲良くできないことほど、苦しい悩みはない。

여러 근심은 있지만 저 사람과 사이좋게 지낼 수 없는 것이 가장 괴로운 근심이다.

メールで友達と喋ってるの。 메일로 친구와 수다 떠는 거야.

お母さん、少し静かにしてよ。勉強ができないよ。

어머니, 좀 조용히 해줘요. 공부를 할 수가 없어요.

●●● 알아 두어야 할 일본문화 ●●●

○ 한국 사람들이 잘 틀리는 「いい」 표현

어떤 사람의 말에 「いい」라는 단어를 써서 대답을 해야 할 때는 각각 「いい」、「いいよ」、「いいね」라고 말할 수 있다. 한국어로 번역하면 3가지 전부 「좋아」가 되기 때문에 잘못 쓰이는 경우가 종종 있다. 예를 들면 「映画見ない?」라고 말했을 경우 「いい」라고 대답하면 「됐어, 안 가」라는 거절의 의미가 되어 버린다. 「いいよ」와 「いいね」는 둘 다 「가겠다」는 의미로서 승낙의 의미로 쓰인다. 「いいよ」라고 하면 「그래 같이 가 줄 수 있어」라는 뉘앙스가 있다. 허락을 나타낸다. 이에 비해 「いいね」는 「좋은 생각」이라는 의미만 가지고 있다.

▪▪▪ 문법 보충 설명 ▪▪▪

△ ます형 응용

ㅇ「~たい / ~やすい / ~にくい / ~すぎる」 등의 표현은 소위 동사의 연용형 (ます형)에 연결된다.

1.「~たい」「~하고 싶다.」
小説が読みたい。 소설을 읽고 싶다.

2.「~やすい」「~하기 편하다.」
この本は読みやすい。 이 책은 읽기 쉽다.

3.「~にくい」「~하기 어렵다.」
このガラスは割れにくい。 이 유리창은 깨지기 어렵다.

4.「~すぎる」「지나치게 ~하다.」
ご飯を食べすぎた。 밥을 많이 먹었다.

△형식명사, 복합동사

형식명사에는 연체형으로 연결한다. 복합동사는 항상 「ます형」에 연결된다.

1. 연체형+

○「~ことにする」「~하기로 하다」

日本へ行くことにした。　일본에 가기로 했다.

○「~ことになる」「~하기로 되다」

日本へ行くことになった。　일본에 가기로 되었다.

○「~はずだ」「(틀림없이) ~할 것이다」

彼はあした来るはずです。　그는 내일 틀림없이 옵니다.(올 것입니다.)

○「~つもりだ」「~할 생각(작정)이다」

私も行くつもりです。　나도 갈 예정이다.

○「~ために」「~을 위해서」

日本へ行くためにバイトをしています。　일본에 가기 위해 아르바이트를 하고 있습니다.

○「~ように」「~하도록」

毎日行くようにしています。　매일 가도록 하고 있습니다.

○「~かわりに」「~대신에」

東京へ行くかわりに大阪へ行きます。　동경에 가는 대신에 오사카에 갑니다.

2.「ます형」+

○「~すぎる」「(과도하게, 지나치게) ~하다」

漫画を読み過ぎた。　만화를 너무 봤다.

○「~だす」「~하기 시작하다」

急に話し出した。　갑자기 이야기하기 시작했다.

○ 「~おわる」「다~하다」

やっと食べ終わった。 겨우 다 먹었다.

○ 「~つづける」「계속 ~하다」

小説を読み続けている。 소설을 계속 읽고 있다.

○ 「~なおす」「다시 ~하다」

レポートを書き直す。 리포트를 다시 쓰다.

○ 「~かえる」「바꿔서 ~하다」

ソウル駅で乗りかえる。 서울역에서 환승하다.

△ 연결형

연결형은 「~て형」이 보통인데 「~하고, ~해서」로 해석된다. 「て형」에 연결되는 표현으로 「ている、てから、てください、てしまう、ておく、てもいい」 등이 있다.

1. 5단동사

○ 先生に聞いてください。   선생님에게 물어주세요.

○ まるで死んでいるようだ。 마치 죽어있는 것 같다.

○ 本を買ってきます。   책을 사 오겠습니다.

2. 1단동사

○ 「い단+る」

映画を見てから行きましょう。 영화를 보고서 갑시다.

○「え단＋る」

寝てしまいました。　　　　　자 버렸습니다.

3. 변격동사
○「する동사」
毎日運動をしています。　　　매일 운동을 하고 있습니다.
○「くる동사」
アメリカから友達が来ています。　미국에서 친구가 와 있습니다.

△ 자동사, 타동사

「~ている」는 「~하고 / 해 있다」라는 해석이 가능하다. 「~てある」는 「~하여져 / 되어져 있다」등의 해석에 잘 어울린다. 주로 타동사에 연결하여 사용한다.

예) 書く

○「~を書く」「~을 쓰다(의지동사)」「~を書いている」「~을 쓰고 있다」
英語で手紙を書いています。　영어로 편지를 쓰고 있습니다.
○「~を書いておく」「~을 써 두다(동작)」
○「~を書いておいた」「~을 써 두었다(동작의 완료, 방치)」
○「~が書いてある」「~이 써 (두어)져 있다(인위적인 결과 상태)」
手紙は英語で書いてあります。　편지는 영어로 써져 있습니다.

△ た형

た형은 과거형뿐만 아니라, 어드바이스, 제안 등의 표현에도 사용된다.

ㅇ「~たことがある」「~한 적이 있다」

ㅇ「~たほうがいい」「~하는 편이 좋다」

ノートに書いたほうがいい。 노트에 쓴 편이 좋다.

ㅇ「~たところだ 」「막 ~한 참이다」

その手紙を読んだところだ。 그 편지를 막 읽었던 참이다.

ㅇ「~たばがりだ 」「막~했다」

薬を飲んだばかりです。 약을 막 먹었습니다.

ㅇ「~たらどうですか」「~하면 어떨까요」

ㅇ「~たり」　　　　　　「~하기도 하고」

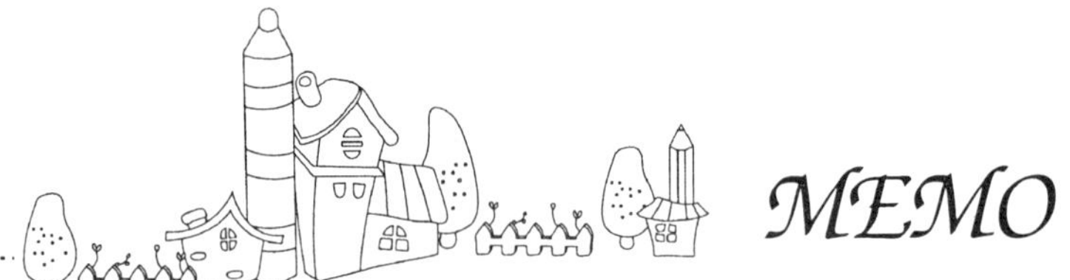

MEMO

제4과
감사를 표시할 때의 표현

お礼をいう。

4-1 ありがとうございます。　감사합니다. 고맙습니다.

■ 사무원으로부터 서류를 받을 때

事務員 : はい。

A : ありがとうございます。

「ありがとうございます」는 감사의 마음을 나타내는 정중한 표현이다. 「どうもありがとうございます」라고 하면 더욱 정중한 표현이 된다. 이런 경우 감사하다는 것에 포인트를 둔 것이다. 「はい」는 대답에서 뿐만 아니라 건네 줄 때에도 사용된다.

4-2 ありがとう。　고마워요.

■ 친구가 우산을 씌워줄 때

B : Cさん、どうぞ。

Ｃ : ありがとう。

친구 등 친한 사람에게 감사의 말을 전할 때는 「ありがとう」라고 해도 괜찮다. 더 정중하게 말하면 「どうもありがとう」가 된다.

4-3	すみません。　罪송합니다. 미안합니다. 고맙습니다. 실례합니다.

■ 차를 대접받은 경우

事務員 : どうぞ。

Ａ : すみません。

「すみません」은 우리로서는 좀 이해하기 힘든 표현이지만 굳이 말한다면 죄송한 마음 속에 감사의 뜻이 담겨 있다고 봐야 할 것이다. 그러니까 감사의 표현이라 할 수 있으며 「ありがとう」보다 좀 더 정중한 표현이 된다. 별로 친하지 않은 사람에게 가벼운 사례를 표할 때도 사용한다. 감사의 마음을 더욱 더 정중하게 표하고 싶을 때는 「ありがとうございます」를 사용한다. 매우 친한 친구 사이에는 「すまん」「悪い」를 사용해서 감사의 마음을 표하는 경우도 있다. 이것도 독특한 일본 정서가 담겨진 언어라고 할 수 있다. 즉 반어적 성격을 가미한 의미가 된다. 「悪い」의 본래 의미는 「나쁘다. 실례가 되다」라는 의미이다.

4-4	どうも。　고마워요.

■ 엘리베이터를 탈 때

Ｂ：どうぞ、お先<ruby>先<rt>さき</rt></ruby>に。

Ｃ：どうも。

「先<ruby>先<rt>さき</rt></ruby>」는 「먼저」라는 의미로, 여기에서의 「お先<ruby>先<rt>さき</rt></ruby>に」는 「저보다 먼저 타세요」라는 의미가 된다. 그리고 때에 따라서는 어떤 모임에서 사정에 의해 먼저 자리를 떠야 하는 경우에도 사용하기도 한다. 죄송하지만 먼저 실례를 하겠습니다는 의미를 가진다. 친한 친구, 손아랫사람, 모르는 사람에게 격의 없이 가벼운 예를 표할 때는 「どうも」만 사용해도 된다.

보충 단어

水 （みず）	물
お湯 （ゆ）	따뜻한 물
お茶 （ちゃ）	차, 녹차
麦茶 （むぎちゃ）	보리차
ウーロン茶 （ちゃ）	우롱차
レモンティ	레몬 티
コーヒー	커피
ジュース	쥬스
サンドイッチ	샌드위치
ハンバーガー	햄버거
ポテト	감자튀김
ピザ	피자
焼き蕎麦 （や）（そ）（ば）	소스 맛으로 볶은 면
お好み焼き （この）（や）	일식 파전
鮹焼き （たこ）（や）	문어와 파 등을 넣어 만든 밀가루로 구워 만든 요리
焼き鳥 （や）（とり）	꼬치구이
お握り （にぎ）	주먹밥

はいたつ 配達	배달
ゆうびんきょく 郵便局	우체국
て がみ 手紙	편지
きっ て 切手	우표
は がき 葉書	엽서
え は がき 絵葉書	그림엽서
けいさつ 警察	경찰
けいかん 警官	경관
おまわりさん	경찰
こうばん 交番	파출소
けいさつしょ 警察署	경찰서
かいしゃ 会社	회사
ビル	건물, 빌딩
こうじょう 工場	공장
ほんしゃ 本社	본사
うけつけ 受付	접수
せいかく 性格	성격
こころ 心	마음

人口 （じんこう）	인구
人間 （にんげん）	인간
青年 （せいねん）	청년
若者 （わかもの）	젊은이
老人 （ろうじん）	노인
年寄り （としよ）	노인
自分 （じぶん）	자신
身内 （みうち）	가족, 한패, 전신
親子 （おやこ）	부모와 자식
親 （おや）	부모
親戚 （しんせき）	친척
姪 （めい）	질녀
甥 （おい）	조카
生まれる （う）	태어나다
育つ （そだ）	자라다
生きる （い）	살다. 살아가다.

死ぬ	죽다
咲く	피다
拾う	줍다
集める	모으다
使う	사용하다
捨てる	버리다
吸う	(담배)피우다. 피다.
頑張る	힘내다. 분발하다.
守る	지키다
要る	필요하다
祈る	빌다. 기원하다.
伝える	전하다
願う	바라다. 원하다.
頼む	부탁하다
探す	찾다
手伝う	돕다(거들다)
助ける	돕다(구해주다)

風邪をひく	감기에 걸리다
お腹がすく	배가 고프다
喉が乾く	목이 마르다
分からない	모른다. 이해되지 않는다.
言わない	말하지 않는다
知らない	모른다
ならない	안 된다
行かない	안 간다
すまない	미안하다
いけない	안 된다. 큰일이다.
危ない	위험하다
読めない	못 읽는다
すごい	대단하다. 굉장하다.
ひどい	심하다
きれいだ	예쁘다
ハンサムだ	잘생기다
真面目だ	성실하다
不真面目だ	불성실하다
静かだ	조용하다

賑やかだ	북적대다
親切だ	친절하다
不親切だ	불친절하다
上手だ	능숙하다
下手だ	서투르다
便利だ	편리하다
不便だ	불편하다
好きだ	좋아하다
嫌いだ	싫어하다
暇だ	한가하다
幸せだ	행복하다
いつも	언제나
毎日	매일
普通	보통
普段	평소
たいてい	대개
しょっちゅう	항상, 언제나
よく	자주

時々	때때로
しばしば	종종
たまに	가끔, 때로는
暫く	한동안은, 잠시
直ぐ	바로, 곧
後で	다음에, 뒤에
後ほど	나중에
まもなく	곧, 당장
今度	이번에
昔	옛날
前	전
この間	요전에
さっき	아까
先ほど	조금 전에
たった今	지금 막
最近	최근(에), 요즘
この頃	요즘
今	지금

ただいま	지금, 지금 당장
今_{いま}にも	금방이라도
これから	이제부터
ゆっくり	천천히. 편안히
のんびり	느긋이
ごろごろ	데굴데굴
そろそろ	슬슬
その内_{うち}	조만간, 그 동안에
もうすぐ	이제 곧
しっかり	확실히, 제대로
ちゃんと	똑바로
はっきり(と)	분명하게, 확실하게
きちんと	제대로
まっすぐ	곧장
なるほど	과연(긍정)
やはり	역시
勿論_{もちろん}	물론
たしかに	확실히(동조)
さすがに	과연, 역시(인정)
先_まず	우선, 먼저
始_{はじ}めに	처음으로
最初_{さいしょ}に	처음에, 최초로

次<ruby>つぎ</ruby>に	다음에, 다음으로
それから	그리고 나서
最後<ruby>さいご</ruby>に	마지막으로, 최후로
一緒<ruby>いっしょ</ruby>に	함께
いろいと(と)	여러모로, 여러 가지
とにかく	아무튼, 어쨌든
とりあえず	우선, 일단, 어쨌든

활용 문형

サンキュー	땡큐.
悪い	미안.
御免	미안.
すみません。	죄송합니다. 그런데「감사합니다」라는 뜻으로 쓰이기도 하는데 그것은 미안하기도 하고, 고맙기도 하고 할 때 쓴다.
ごめんなさい。	미안합니다.
申し訳ありません。	미안합니다. 드릴 말씀이 없습니다.
構いません。	괜찮습니다.
お気をつけて。	조심히 다녀오세요.(조심해 가세요)
おめでとう。	축하해.
おめでとうございます。	축하드립니다.
ご飯を食べる	밥을 먹다.
お酒を飲む	술을 마시다.
煙草を吸う	담배를 피우다.
お茶を入れる	차를 끓이다. 차를 들이다.
電気を付ける	전기를 켜다.

電話をかける   전화를 걸다.

電報を打つ   전보를 치다.

小包を送る   소포를 보내다.

薬を飲む   약을 먹다.

友達に会う   친구를 만나다.

バスに乗る   버스를 타다.

タクシーを拾う   택시를 잡다.

タクシーを呼ぶ   택시를 부르다.

アイロンをかける   다리미질을 하다.

シートを替える   시트를 갈다.

洗濯をする   세탁을 하다.

靴を磨く   구두를 닦다.

目が高い   눈이 높다

鼻が高い   콧대가 높다. 우쭐해 하다.

口が軽い   입이 가볍다

耳が遠い   귀가 멀다. 잘 안 들린다.

耳が早い   귀가 빠르다. 소식이 빠르다.

腹が黒い　　　　　　　　속이 검다. 좋지 못한 것을 생각하다.

手がない　　　　　　　　일손이 부족하다

手が早い　　　　　　　　일처리가 빠르고 신속하다

足が重い　　　　　　　　발이 무겁다

顔が広い　　　　　　　　아는 사람이 많다

目がない　　　　　　　　사람 분별이 없어질 정도로 혹하다. 보는

　　　　　　　　　　　　안목이 없다.

口が固い　　　　　　　　입이 굳다. 입이 무겁다.

手が長い　　　　　　　　손버릇이 좋지 못하다. 도벽이 있다.

服はどこで買うの?　　　옷은 어디서 사지?

そうですね。私はあまり買いませんね。글쎄요. 저는 그다지 안 사는데요.

週末は何をする?　　　　주말은 무엇을 하니?

天気、どうだろう。テレビの天気予報、見た?

날씨 어떨까. 텔레비전의 일기예보 봤어?

傘、どこにおいたかな。探さなくちゃ。

우산은 어디에 두었지? 찾아야겠네.

つづいて関東地方のお天気をお知らせします。

이어서 관동지방의 날씨를 알려 드립니다.

前は痩せていましたが、数年前から少し太ってきました。

전에는 야위었는 데 수년 전부터 조금씩 살이 쪘습니다.

明日あたりから寒くなっていくそうですよ。

내일쯤부터 추워진다고 합니다.

トマトは一ついくらですか。　토마토는 한개 얼마입니까.

飲み物は何にしますか。　　마실 것은 무엇으로 하겠습니까.

小説より映画の方がおもしろいです。소설보다 영화 쪽이 재미있습니다.

英会話の勉強をします。　　영어회화 공부를 합니다.

金さんはパンを買うでしょう。김 씨는 빵을 사겠지요.

今、金さんがパンを買っています。　지금 김 씨는 빵을 사고 있습니다.

これから何をするでしょうか。　이제부터 무엇을 할까요.

音楽を聞くでしょう。　　　음악을 듣겠지요.

田中さんはよくテニスをしますか。다나카 씨는 자주 테니스를 하십니까.

前は時々していましたが、最近はあまりしませんね。

전에는 종종 했습니다만, 최근에는 별로 안 해요.(하지 않습니다)

そんなに忙しいんですか。　그렇게 바쁘십니까.

どんな果物が好きですか。　어떤 과일을 좋아합니까.

私は日本語が下手です　　　나는 일본어를 잘 못합니다.

薬屋はどこですか。　　　　　약방은 어디입니까.

中村さんの事務所はどこにありますか。

나카무라 씨의 사무소는 어디에 있습니까.

この前のレポートはうまくいきませんでした。

이 앞의 리포트는 잘 되지 못했습니다.

静かにしましょう。　　　　조용히 합시다.

お酒でも飲みませんか。　　술이라도 마시지 않겠습니까.

ここで少し休みましょうか。　여기서 잠깐 쉴까요.

ええ、そうしましょう。　　네, 그렇게 합시다.

いいえ、この頃はよく釣りにいきます。

아니요, 요즘은 자주 낚시하러 갑니다.

そうですか。じゃあ、今度一緒に行きませんか。

그렇습니까. 그럼 이번에 함께 가지 않겠습니까.

昨日の映画はどうですか。　　어제 영화는 어땠습니까.

とてもよかったです。特に映像がきれいでした。

매우 좋았어요. 특히 영상이 깨끗했습니다.

誰と見ましたか。　　　　　누구와 봤습니까.

日本人の友達と一緒に見ました。　일본인 친구와 함께 봤습니다.

弟に旅行先のお土産をあげました。

동생에게 여행지의 선물(토산물)을 주었습니다.

いつも私が通訳してあげました。 언제나 내가 통역해 드렸습니다.

この時計は彼氏がくれたものです。 이 시계는 남자친구가 준 것입니다.

これは妹が作ってくれたものです。 이것은 여동생이 만들어 준 것입니다.

田中さんが車を貸してくれました。 다나카 씨가 차를 빌려 주었습니다.

社長から何をもらいましたか。　　사장으로부터 무엇을 받았습니까.

誕生日に買ってもらったんです。

생일에 사 받았던 것입니다.(선물로 받은 것입니다)

私は弟に手紙を書いてもらいました。

나는 동생에게 편지를 써 받았습니다. (동생이 편지를 써 준 것입니다)

電車の中で学生に席を譲ってもらいました。

전철 안에서 학생에게 자리를 양보 받았습니다. (학생이 자리를 양보해 주었습니다)

妹からもらった物です。　　여동생에게 받은 물건입니다.

これ、あげます。　　이것 드리겠습니다.

この写真は田中さんに撮ってもらいました。

이 사진은 다나카 씨에게 찍어 받은 것입니다.(다나카 씨가 찍어 준 것입니다)

そんなに長くはならないかも知れません。

그렇게 길게는 가지 않을지도 모르겠습니다.

誰かに手伝ってほしい。　　　누군가에게 도와 달라고 하고 싶다.(누군가

도와 주었으면 한다)

昼休みは何時から何時までですか。

점심시간은 몇 시부터 몇 시까지 입니까.

暑いばかりでなく仕事も多かったので、つかれた。

더울 뿐만 아니라 일도 많아서 피곤했어.

電車の中に書類を忘れました。 전철 안에 서류를 두고 왔습니다.

じゃ、夕方ここに聞きに来ればいいんですね。

그럼 저녁때 여기에 문의하러 오면 되겠군요.

あしたの午後三時までに届けてください。

내일 오후 3시까지는 배달해 주세요.

子供が大きくなるまでに、貯金がすっかりなくなってしまうだろう。

아이가 클 때까지는 저금이 완전히 없어져 버릴 것이다.

明日は入学式なんですが、スーツのほうがいいでしょうか。

내일은 입학식입니다만 양복을 입는 편이 좋을까요.(좋겠지요)

もう少しゆっくりして行ってください。　조금 더 천천히 놀다 가세요.

またいつでもいらっしゃってください。　또 언제라도 오십시오.

ピアノが弾けます。　　　　　피아노를 칠 수 있습니다.

では来週の土曜日の二時から面接をしますので、来てください。

그럼 다음주 토요일 2시에 면접을 할 테니까 와 주세요.

一週間にどのぐらい来られますか。　일주일에 어느 정도 올 수 있습니까.

安ければ買ってきてください。　　（물건이） 싸면 사오세요.

●●●● 알아 두어야 할 일본문화 ●●●

○ お茶

녹차의 종류로는 증기로 쪄서 차를 만드는 「玉楼, 煎茶, 番茶」와 솥에 넣고 볶아서 만드는 「釜入り茶」 등이 있다. 최상급차인 「玉楼」와 품질 좋은 「煎茶」가 상급에 속하며, 일반적인 가정이나 회사에서 흔히 마시는 차는 「煎茶」이다. 그 밖에 가격이 싼 하품의 「煎茶」와 「番茶」를 섞어서 볶은 「ほうじ茶」, 가격이 싼 하등급인 「煎茶」와 「番茶」에 현미를 섞어서 만든 「玄米茶」 등을 어디서나 쉽게 구입할 수 있다.

○ 茶道

손님을 초대하여 전통적인 예법에 따라 차를 대접하는 것을 다도라고 한다. 일본의 전통 예술 중의 하나인 다도는 차를 마시는 일상 행위를 예술화시킨 것이다. 불교와 함께 일본으로 건너 간 차를 다도라는 예술로 완성시킨 사람은 千利休(せんのりきゅう)로서, 그 유파가 몇 갈래로 나누어져 지금에 이르고 있다. 다도에 사용하는 차는 「抹茶」라는 가루로 된 차 잎인데, 진한 녹색을 띠며 독특한 쓴 맛이 난다. 보통 「和菓子(わかし)」와 함께 즐긴다.

■■■ 문법 보충 설명 ■■■

△ 어드바이스, 제안

1. 어드바이스를 구하는 표현
○「~たらどうでしょうか」　　~하면 어떨까요.
どうしたらいいでしょうか。　어떻게 하면 좋을까요.
○「~(た)ほうがいいでしょうか」　~하는 편이 좋습니까.
朝ご飯は食べたほうがいいですよ。　아침을 먹는 편이 좋습니다.
○「~ないほうがいいでしょうか」　~하지 않는 것이 좋을까요.

2. 어드바이스를 하는 표현
○「~たほうがいいですよ」　~하는 편이 좋습니다.
○「~ないほうがいいですよ」　~하지 않는 것이 좋습니다.
その薬は飲まないほうがいいですよ。　그 약은 먹지 않는 편이 좋습니다.

△ 원인, 이유

원인, 이유를 나타내는 표현으로는「て、ので、から」등이 있다.

1.「~て」전후관계에 의한 인과관계. 뒤쪽에 명령, 지시가 오지 않는다.
「学生で 학생이어서, 親切で 친절해서, 速くて 빨라서,　買って 사서.」
危なくて部屋から出ました。　위험해서 방에서 나왔습니다.

2.「~ので」부드러운 인과관계. 뒤쪽에 부탁이 온다.

「学生なので 학생이므로, 親切なので 친절하므로, 速いので 빠르므로, 買うので 사므로. 」

危ないので部屋から出ました。 위험하니까 방에서 나왔습니다.

3.「~から」강한 인과관계. 뒤쪽에 명령, 지시가 올 수 있다.

「学生だから 학생이니까, 親切だから 친절하니까, 速いから 빠르니까, 買うから 사니까.」

危ないから火を消しなさい。 위험하니까 불을 끄세요.

△ 부정의 연결

기본적으로「~ない」형에 연결될 때에는「~なくて」의 형태가 된다. 동사의 경우는「~なくて」외에「~ないで」가 사용되어「~하지 말고, ~하지 않고」로 구별된다.

1. 명사

「学生じゃない 학생이 아니다. 学生じゃなくて 학생이 아니어서 / 학생이 아니고.」

彼は学生ではなくて先生です。 그는 학생이 아니고 선생님 입니다.

2. 형용동사

「親切じゃない 친절하지 않다. 親切じゃなくて 친절하지 않아서 / 친절하지 않고.」

3. 형용사

「速くない 빠르지 않다. 速くなくて 빠르지 않아서 / 빠르지 않고」

今年はあまり暑くなくて過ごしやすかったです。

올해는 너무 덥지 않아서 지내기 쉬웠던 것입니다.

4. 동사

「買わない 사지 않다. 買わなくて 사지 않아서, 買わないで 사지 않고, 사지 말고.」

海へ行かないで山へ行きましょう。 바다에 가지 말고 산에 갑시다.

△ 의향형

청유, 의지, 추측의 뜻으로 사용된다. 문장 속에서 미래의 계획 등을 표현하는 역할을 한다.

ㅇ 의향형 만드는 법

1. 5단동사 「う단」의 어미를 「お단」으로 바꾸고 「う」를 붙인다.

ケーキを買おう。 케이크를 사자.

2. 1단동사 「る」의 어미를 탈락시키고 「よう」를 붙인다.

映画_{えいが}でも見_みようか。   영화라도 볼까.

3. 변격동사 する→しよう, くる→こよう

○ 의향형 포함 구문

1.「의향형」   ~하자, ~하리라. ~해야지.

行_いこう。   가자.

2.「의향형＋か」   ~할까. ~할래.

行_いこうか。 갈까.

3.「의향형＋かと思_{おも}う」   ~할까 하다(생각한다).

行_いこうかと思_{おも}う。 갈까하고 생각한다.

4.「의향형＋と思_{おも}う」   ~하려고 생각한다.

行_いこうと思_{おも}う。   갈려고 생각한다.

△ 예정, 희망

기본형은 일반적인 사실 표현인 현재형뿐만 아니라, 미래의 강한 의지로도 사용된다.

1. 현재형

ㅇ「원형+つもりだ」　　~할 예정이다. ~할 작정이다.

明日、東京に行くつもりです。　내일 동경에 갈 예정입니다.

2. 의향형

ㅇ「의향형+と思う」　　　~하려고 생각하다.

土曜日は友達と映画を見に行こうと思っています。

토요일은 친구와 영화를 보러 가려고 생각하고 있습니다.

ㅇ「~たい+と思う」　　　~하고자 한다. ~할 생각이다.

夏休みに北海道へ行ってみたいと思います。

여름 휴가에 북해도에 가고 싶다고 생각합니다.

제5과
사죄할 때의 표현

あやま
謝る。

5-1 すみません。죄송합니다. 미안합니다.
실례합니다.

■ 강의에 지각했을 때

A : すみません。

「すみません」은 사죄의 표현을 담아 사용한다. 지각을 했을 경우 등에「すみません」이라고 말하며 강의실에 들어간다. 친한 사이이거나 격의 없는 사이에는「すいません」이라고 발음하는 경우도 많다.

5-2 すまん。 미안.

■ 교수님이 수업에 늦었을 때

B : すまん、すまん。

「すまん」은「すみません」과 같은 사죄의 표현을 나타내는 것이며, 주로 남성들

이 사용한다. 보통 대등한 관계에 있거나, 손아랫사람에게 즉 격의 없는 사이에서 사용한다. 손윗사람이나 친하지 않는 사람에게는 사용하면 곤란하다.

5-3 　御免。　미안해요.

■ 약속시간에 늦었을 때

A : ごめん。

B : 遅い!

「ごめん」은 친구 등 친한 사이에서 사죄의 표현을 한 것으로, 「御免なさい」를 줄인 표현이다. 「ごめんなさい」라 말하면 조금 여성적이며 부드러운 표현이 된다. 「遅い」는 「늦다」라는 의미이지만, 여기에서는 상대방이 늦은 것을 지적하며 「약속 시간에 늦으면 곤란하지요」라는 비난의 의미가 내포되어 사용된 것이다.

5-4 　申し訳ありません。　죄송합니다.
　　　　　　　　　　　　　　변명할 말이 없습니다.

■ 사죄할 일이 생겼을 때

A : 申し訳ありません。

B : …

「申し訳ありません」은 손윗사람이나 별로 친하지 않는 사람에 대해서 깊은 사죄의 마음을 담아 표시하는 말이다. 이 표현은 굉장히 일본적인 표현이라 할 수

있는데, 일본인은 통상 변명을 하지 않는 것이 기본적인 생활 철학이다. 자신의 잘못된 행위에 대해서는 변명 없이 무조건 잘못 되었다고 용서를 빌고, 앞으로는 두 번 다시 그러한 일이 일어나지 않도록 각별히 주의를 기울이겠다고만 말한다. 이것은 아마 옛날 무사도의 정신에 영향을 받은 때문이 아닌가 하고 생각된다.

5-5　すみません。　실례합니다. 죄송합니다.

■ 다른 사람을 앞질러 가야할 때

A : すみません。

여기에서 「すみません」의 표현은 자리를 비워야 할 때나, 사람들이 북적이는 곳을 빠져 나가야 할 때나, 타인 앞을 가로질러 가야 할 때 등에 사용한다.

5-6　失礼。　실례.

■ 엘리베이터에서 내릴 때

A : 失礼。

「失礼」도 「すみません」과 같이 사정에 의해 자리를 비워야 할 때, 또는 사람들이 북적이는 곳을 빠져 나가야 할 때, 타인 앞을 가로질러 가야 할 때에 사용한다. 「失礼」는 「すみません」보다는 좀 딱딱한 표현이라 할 수 있다.

　일본인은 한국인보다 소위 사람과 사람 사이의 간격이 넓다고 할 수 있는데, 이것은 무엇보다도 남에게 폐를 끼치지 않고 살아야 한다는 생활신조 때문에 이러한 표현이 생기는 것 같다.

보충 단어

<ruby>歩<rt>ある</rt></ruby>く	걷다
<ruby>乗<rt>の</rt></ruby>る	타다
<ruby>降<rt>お</rt></ruby>りる	내리다
<ruby>回<rt>まわ</rt></ruby>る	돌다
<ruby>曲<rt>ま</rt></ruby>がる	굽다
<ruby>聞<rt>き</rt></ruby>く	듣다
<ruby>訪<rt>たず</rt></ruby>ねる	방문하다
<ruby>調<rt>しら</rt></ruby>べる	조사하다
<ruby>待<rt>ま</rt></ruby>つ	기다리다
<ruby>持<rt>も</rt></ruby>つ	갖다. 지니다.
<ruby>上<rt>のぼ</rt></ruby>る	오르다
<ruby>下<rt>くだ</rt></ruby>る	내리다(자동사)
<ruby>下<rt>お</rt></ruby>りる	내리다(타동사)
<ruby>撮<rt>と</rt></ruby>る	사진을 찍다
<ruby>比<rt>くら</rt></ruby>べる	비교하다

着く	도착하다
泊まる	묵다. 숙박하다.(자동사)
停まる	멈추다(자동사)
停める	멈추다(타동사)
出る	나오다
寄る	들리다.
血が出る	피가 나오다
頭をぶつける	머리를 부딪치다
やけどをする	화상을 입다
つきゆびをする	손가락을 다쳐 삐다
倒れる	넘어지다. 쓰러지다.
すべる	미끄러지다
転ぶ	구르다. 굴러 넘어지다.
近い	가깝다
遠い	멀다
速い	빠르다
早い	이르다, 빠른 시간이다.

遅い	늦다
高い	높다. 비싸다.
低い	낮다
安い	싸다
新しい	새롭다
古い	오래다. 낡다.
面白い	재미있다
つまらない	재미없다
素晴らしい	훌륭하다. 멋지다.
大きい	크다
小さい	작다
長い	길다
短い	짧다
重い	무겁다
軽い	가볍다
広い	넓다
狭い	좁다

多い	많다
少ない	적다
丸い	둥글다
四角い	네모나다
白い	하얗다
黒い	검다
赤い	빨갛다
青い	파랗다
黄色い	노랗다
茶色い	갈색이 나다
明るい	밝다
暗い	어둡다
厚い	두껍다. 두텁다.
薄い	얇다. 엷다.
太い	굵다
細い	가늘다
深い	깊다

強^{つよ}い	강하다
弱^{よわ}い	약하다
難^{むずか}しい	어렵다
易^{やさ}しい	쉽다
美味^{お い}しい	맛있다
まずい	맛없다. 일이 서툴다.
熱^{あつ}い	뜨겁다
冷^{つめ}たい	차갑다
暑^{あつ}い	덥다
寒^{さむ}い	춥다
暖^{あたた}かい	따뜻하다
涼^{すず}しい	서늘하다
美^{うつく}しい	아름답다
忙^{いそが}しい	바쁘다
いい(良^よい)	좋다
悪^{わる}い	나쁘다
うまい	맛있다. 잘 한다.
すごい	굉장하다

はずかしい	부끄럽다
うらやましい	부럽다
嬉<ruby>うれ</ruby>しい	기쁘다
悲<ruby>かな</ruby>しい	슬프다
楽<ruby>たの</ruby>しい	즐겁다
寂<ruby>さび</ruby>しい	외롭다
だから	그렇기 때문에
それで	그래서
従<ruby>したが</ruby>って	따라서
しかし	그러나
けれども	그렇지만
だが	그렇지만, 그러나
(それ)でも	그래도
だって	하지만, 왜냐하면
ところで	그런데(화제 전환)
ところが	그런데(예상에 반하여)
また	또, 또한
または	또는
それとも	그렇지 않으면
それから	그리고 나서
それに	게다가

しかも	게다가, 더욱이
そして	그리고
こんな	이러한
そんな	그러한
あんな	저러한
どんな	어떠한
いろんな	각양의
この	이
その	그
あの	저
どの	어느
わが	나의
ある	어떤, 어느
あらゆる	모든
大^{おお}きな	커다란
小^{ちい}さな	조그만
あ!	아!
あっ	악, 앗
あら	어머
ほら	거봐, 저 봐(주위 환기)
もしもし	여보세요
こら	이놈들
おい	이봐!
ああ	아~

はい	예
ええ	예
いいえ	아니요
うん	응
道 みち	길
橋 はし	다리
ガードレール	가드레일
サービスエリア	휴게소
渋滞 じゅうたい	밀림, 정체
突当たり つきあ	막다른 곳, 골목길
お嬢さん じょう	따님
告白 こくはく	고백
プロポーズ	프로포즈
ラブレター	연애편지
次女 じじょ	차녀
末っ子 すえこ	막내
近所 きんじょ	근처
整形外科 せいけいげか	정형외과
産婦人科 さんふじんか	산부인과

小児科	소아과
皮膚科	피부과
注射	주사
薬	약
医者	의사
看護婦	간호사
レントゲン	렌트겐
肉屋	고깃집, 정육점
コンビニ	편의점
蕎麦屋	소바가게
文房具屋	문방구
玩具	장난감
飲み屋	주점
パチンコ屋	파친코 점
クリーニング屋	세탁소
床屋	이발소
改札口	개찰구
出口	출구

활용 문형

お待たせ。　　　　　　　기다리게 해서(미안).

お待ちどおさま。　　　　오래 기다렸지, 기다리게 해서(미안).

お待たせしました。　　　기다리게 했습니다(죄송합니다).

お待ちどおさまでした。　오래 기다리셨습니다, 기다리게 해서 죄송합니다.

まことに申し訳ございませんが。 정말로 죄송합니다만.

恐れいりますが。　　　　죄송합니다만.

ご不便をおかけしました。　불편을 끼쳐 드렸군요.

少々時間がかかりますが。　좀 시간이 걸리겠습니다만.

お待ちしておりました。　　기다리고 있었습니다.

何名さまでしょうか。　　　몇 명이십니까.

どちらがよろしいでしょうか。　어디가 좋겠습니까.

ご予約はなさいましたか。　예약은 하셨습니까.

もう一日泊まりたいんですが。　하루 더 묵고 싶습니다만.

カードに記入ください。　　카드에 기입해 주십시오.

予定の日付をお願いします。　예정일을 써 주십시오.

ボーイが部屋までご案内いたします。

보이가 방까지 안내해 드리겠습니다.

払わなくてもいいです。　　　지불하지 않아도 좋습니다.

お荷物をお持ちいたします。 짐을 들어 드리겠습니다.

お荷物はこちらにおいておきます。　짐은 여기에 놓겠습니다.

こちらでございます。　　　　이쪽입니다.

こちらがトイレでございます。　여기가 화장실입니다.

エアコンのスイッチはこちらです。　에어컨의 스위치는 이쪽에 있습니다.

部屋を出る時は鍵をお持ちになってください。

방을 나오실 때는 열쇠를 지참하시기 바랍니다.

レストランは何時までですか。　레스토랑은 몇 시까지 합니까.

それでは失礼いたします。　　그럼 실례하겠습니다.

支度、できた?　　　　　　준비 되었어(끝났어).

ちょっと待って。　　　　　조금 기다려.

九時の約束をしたでしょう? どうしたの。

9시에 약속을 했잖아. 무슨 일이 있었어.

今起きたところ。　　　　　지금 막 일어났어.

じゃ、十分あとで来るよ。 いい? 그럼 10분 뒤에 올게. 괜찮지.

二十分、散歩してきたよ。　20분 산책하고 왔어.

今ご飯食べているところ。　　지금 밥을 먹고 있는 참이야.

この野菜、新しい?　　이 채소 신선해요.

新しい、新しい。　　신선해요. 신선해.

さっき畑から掘ってきたばかりだよ。　조금 전 막 밭에서 캐 왔어요.

しばらく止みそうにありませんね。　잠시 금방 그칠 것 같지는 않군요.

ちょっと伺いたいんですが。　잠깐 찾아뵙고 싶습니다만.(여쭙겠습니다만)

この水道、回したり押したりするものが何もないんですけど。

이 수도 돌리거나 누르거나 하는 장치가 아무것도 없습니다만.

電気をつけましょう。　　　전기를 켭시다.

マリーさんを起こしましょうか。　마리 씨를 깨울까요.

これ、電源を入れてもつかないんですが、故障でしょうか。

이것 전원을 넣어도 켜지지 않습니다만 고장일까요.

彼はとても背が高い。　　　그는 대단히 키가 크다.

彼女はかなり有名な人だった。　그녀는 꽤 유명한 사람이었다.

いきなり先生が入ってきて、びっくりした。

갑자기 선생님이 들어와서 깜짝 놀랐다.

明日から忙しくなる。　　　내일부터 바빠진다.

有名になった。　　　유명해졌다.

泊まる所は決めましたか。　숙박할 곳은 결정하였습니까.

日本の伝統的な旅館にしました。　일본 전통적인 여관으로 하였습니다.

今日の授業はこれまでです。　오늘 수업은 여기까지 입니다.

田中君を最近見かけませんが、どうしているか知っている人、いますか。

다나카 군이 최근 보이지 않는데 어째서 그런지 아는 사람 있습니까.

田中さん、映画の切符は買っておきましたか。

다나카 씨 영화 표는 사 두었습니까.

どうしたんですか。顔色が悪いですね。

어떤 일이 있었습니까. 얼굴색이 안 좋군요.

いや。昨日は本当にまいりました。

아니, 어제는 정말로 졌습니다.(낭패를 봤습니다)

その話を聞いて泣いたのは私だけではない。

그 이야기를 듣고 울었던 것은 저뿐만이 아니다.

ちょっとだけお借りします。　조금만(잠깐만) 빌리겠습니다.

それがよく覚えていないんです。　그것이 잘 기억이 나지 않는 것입니다.

昨日は何かあったんですか。　어제는 무언가 있었던 것입니까.

じゃ、久しぶりにカラオケに行きませんか。

그럼 오랜만에 카라오케에 가지 않겠습니까.

えe、ストレスがたまった時はやっぱり飲んだり、歌ったりするのが一番いいですね。

예, 스트레스가 쌓였을 때는 역시 마시거나 노래를 부르는 것이 제일 좋아요.

彼と一緒に映画を見たことがあります。

그와 함께 영화를 보러 간 일이 있습니다.

ゆうべ読んだ本は本当に面白かったです。

어제저녁 읽은 책은 정말로 재미있었습니다.

私が行った時には、彼はもういませんでした。

제가 갔을 때에는 이미 그는 없었습니다.

彼は自転車に乗ることができます。　그는 자전거를 탈 수 있습니다.

金さんは日本へ行ったことがありますか。

김 씨는 일본에 간 적이 있습니까.

田中さんは暇な時、何をしますか。

다나카 씨는 시간이 날 때 무엇을 합니까.

今度の土曜日、何をするつもりですか。

이번 토요일 무엇을 할 예정입니까.

何か気晴らしできることがないですかね。

무언가 기분전환 할 수 있는 것이 없을까요.

じゃ、ドライブでも行きましょうか。　그럼 드라이브라도 갈까요.

お昼はどうしましょうか。　　점심은 어떻게 할까요.

本当ですかね。　　　　　　정말일까요.

昨日のことで怒っていますから、会議の前に話し合ったほうがいいです。

어제 일로 화가 나있기 때문에 회의 전에 서로 이야기를 나눠보는 편이 좋습니다.

雨が止んだあとで散歩しました。　　비가 개인 후에 산책을 했습니다.

先日最近話題(わだい)になっている店へ行ってみました。

지난날 최근 화제가 되고 있는 가게에 가 보았습니다.

彼氏ができたら一緒に、遊びに来てください。

남자친구가 생기면 함께 놀러 오세요.

明日、朝早く会議があります。　　내일 아침 일찍 회의가 있습니다.

じゃ、今日は早く寝たほうがいいですね。

그럼 오늘은 일찍 자는 편이 좋겠군요.

最近は本当に流行っていますね。　　최근은 정말로 유행하고 있군요.

あまり自分を責めないでください。　너무 자책하지 마세요.

わざわざ買い物に行かなくてもいいです。

일부러 쇼핑을 가지 않아도 괜찮습니다.

そんなに丁寧にしなくてもいいです。

그렇게 공손하게 하지 않아도 괜찮습니다.

熱がありますから、今日はお風呂には入らないほうがいいですよ。

열이 있기 때문에 오늘은 목욕을 하지 않는 것이 좋아요.

約束の時間に遅れないでください。　약속시간에 늦지 않도록 하세요.

授業中は静かにしましょう。　수업중은 조용히 합시다.

取引先の担当者に会いに行きます。　거래처의 담당자를 만나러 갑니다.

毎日忙しくてたいへんです。　매일 바빠서 정신없습니다.

便利じゃない携帯は要りません。편리하지 않는 휴대폰은 필요 없습니다.

日本語を勉強して、何年になりますか。

일본어를 공부해서 몇 년이 됩니까.

田中さんは日曜日は主に何をしますか。

다나카 씨는 일요일에 주로 무엇을 합니까.

メールを使うのにいくらぐらいかかりますか。

메일을 사용하는데 얼마 정도 듭니까.(걸립니까)

乗り換えはどの駅ですか。　　환승은 어느 역입니까.

家から地下鉄の駅まで歩いて何分ぐらいですか。

집에서 지하철역까지 걸어서 몇 분정도 걸립니까.

あそこで車をとめてもいいですか。저쪽에서 차를 주차해도 괜찮습니까.

図書館の中で携帯を使ってはこまりますが。

도서관 안에서 휴대폰을 사용해서는 곤란합니다만.

辞書を見てもかまいません。　사전을 봐도 상관없습니다.

みんなが来てから出発しましょう。　모두가 오고 나서 출발합시다.

血液型は何型ですか。　　혈액형은 무슨 형입니까.

●●● 알아 두어야 할 일본문화 ●●●

ㅇ 일본 사람들은 비록 친한 사이에서도 「サンキュー(땡큐)」, 「ありがとう」, 「ごめん」이라는 말을 일상생활에서 자주 쓴다. 친하지 않은 사이인 경우는 더욱 많이 쓴다. 일본 사람들은 그렇게 미안하게 생각하지 않아도 될 일인데도, 예의상 혹은 습관적으로 「ごめん」이나 「済みません」이라는 말을 일상생활에서 자주 사용하는 편이다. 따라서 일본 사람이 「すみません」이라 했다고 해서 꼭 부담을 느끼지 않아도 된다. 반드시 「대단히 죄송하다」는 의미만이 있는 것도 아니고, 예의상 또는 의례적으로 하는 인사말이나, 덕담 정도일 수도 있다.

■■■ 문법 보충 설명 ■■■

△ 허락, 양해

허락의 3대 표현으로 「いい、大丈夫だ、かまわない」가 있다.

○「~ても(~해도) ~いいですよ。(좋습니다・좋아요).」

窓を開けてもいいですか。 창문을 열어도 괜찮습니까.

○「~ても(~해도) ~かまいません(よ)」(상관없습니다).」

テレビを見てもかまいません。 텔레비전을 봐도 상관없습니다.

○「~ても(~해도) ~大丈夫です(よ)(괜찮습니다)」

ここではタバコを吸っても大丈夫です。 여기는 담배를 피워도 괜찮습니다.

○「~なくても(~하지 않아도) ~いい(よ)。(좋다. 된다)」

電気は消さなくてもいいよ。 전기는 끄지 않아도 괜찮아요.

○「~なくても(~하지 않아도) ~かまわない(よ)。(괜찮아)」

行かなくてもかまわないよ。 가지 않아도 상관없어요.

○「~なくても(~하지 않아도) ~大丈夫だ(よ)。(상관없어)」

そのアルバイトは学生でなくても大丈夫ですか。 그 아르바이트는 학생이 아
니어도 괜찮습니까.

△ 의무, 금지

1. 긍정 조건
ㅇ「~ては(では)(축약 ~ちゃ(じゃ)) ~하지 않으면」

それを食べてはいけません。 그것을 먹어서는 안됩니다.

2. 부정 조건
ㅇ「~なければ(축약 ~なきゃ / ~なけりゃ) ~하지 않으면」

一人で行かなければなりません。 혼자서 가지 않으면 안됩니다.

ㅇ「~なくては(축약 ~なくちゃ) ~하지 않아서는」

ㅇ「~ないと」

3. 금지의 3대 표현
ㅇ「ならない(되지 않는다 / 안 된다)」

してはならないことをしてしまった。 해서는 안되는 일을 해버렸다.

ㅇ「いけない(안 된다/큰일이다)」

とにかく、ここから出なくてはいけない。 어쨌든 여기로부터 나와서는 안된다.

ㅇ「だめだ(안 된다 / 못 쓴다 / 허사다)」

少なくとも三つ以上食べないとだめです。 적어도 세 개 이상 먹지 않으면 안

됩니다.

△ 목적, 의도

1.「~ために」   ~하기 위해, ~ 때문에

服を買うために貯金する。 옷을 사기 위해 저금한다.

2.「~ように」　　~하도록, ~하게(끔), ~하듯이

いい服が買えるように貯金する。　좋은 옷을 살 수 있도록 저금한다.

3.「ます형+に」　　~하러, ~하기 위해

服を買いに行く。　옷을 사러 간다.

4.「(선물, 기념 등)+に」　~로써, ~명목으로

母の誕生日のプレゼントに服を買う。　어머니 생일 선물로 옷을 사다.

△ 추측 1

1.「もしかしたら(もしかすると) ~かもしれない」 어쩌면 ~일지도 모른다

もしかしたら雪が降るかもしれない。　어쩌면 눈이 내릴지도 모른다.

2.「たぶん / おそらく / きっと~だろう(でしょう)」 아마 / 틀림없이 / 분명히
~이겠죠(이겠지)

彼は多分来ないでしょう。　그는 아마 오지 않을 것이다.

3.「たしか ~でしたね」　　확실히(아마) ~이었지요(했었지요)

たしか田中さんは学生でしたね。　아마 다나카 씨는 학생이었지요.

△ 추측 2

1.「~ようだ」 보다 주관적인 판단이 작용. 추측과 傳聞의 뜻으로 사용된다.
○「연체형+ようだ 」　~모양이다. ~같다.

あの人形はまるで生きているようです。 저 인형은 마치 살아있는 것 같습니다.

2. 「~みたいだ」   추측 및 전문에 쓰인다.

○「사전형(기본형)＋みたいだ」   ~같다. ~라고 한다.

彼は旅行に行くみたいですよ。 그는 여행을 간답니다.(여행을 갈 것 같습니다)

3. 「~らしい」   「~답다」의 뜻으로 쓰인다.

○「사전형(기본형)＋らしい 」   ~답다

彼は本当に男らしい。 그는 정말로 남자답다.

4. 「~はずだ」 객관적 근거에 의해 단정적인 추측을 나타낸다.

○「연체형＋はずだ」   (~인 것임에 틀림없다. 틀림없이 ~일 것이다)

○「연체형＋はずがない」 (~할(일) 리가 없다)

彼は今夜のパーティーに来るはずがない。 그는 오늘밤 파티에 올리가 없다.

MEMO

제6과
부탁할 때의 표현

頼む。

6-1 お願いします。 부탁합니다.

■ 비행기 안에서 부탁할 때

A : すみません。 毛布、お願いします。

무엇인가를 부탁해야 할 때, 무엇인가를 사고 싶을 때 등에 자주 사용하는 표현이다. 먼저 원하는 물건을 밝히고, 그 후에 「お願いします」를 이어 말한다.

6-2 お願いします。 부탁합니다.

■ 전화로 사람을 찾아야 할 때

社員 : はい、営業部です。

B : すみません、Cさん、お願いします。

　전화로 사람을 찾을 때, 혹은 전화를 받는 사람이 자신이 찾는 사람이 아닌 경우에는 우선 사람의 이름을 정확히 다시 말하고, 그 후에「お願いします」를 이어 말한다.「すみません」을 먼저 말하면 더욱 정중한 인상을 줄 수 있다.

6-3　お願いします。　부탁합니다.

■ 우체국에서 국제우편을 부칠 때

A : イギリス、お願いします。

郵便局員 : はい。

　국제우편을 부칠 때는 우선 國名을 말하고, 그 후에「お願いします」를 이어 말한다. 택시에서의 행선지를 말할 때나, 우표를 살 때에도 마찬가지로 먼저 地名을 말하고, 그 후에「お願いします」를 이어 말하면 된다.

6-4　お願いします。　부탁합니다.

■ 다시 한번 더 말해주었으면 할 때

B : すみません。もう一度お願いします。

　다른 사람에게 무엇인가를 부탁해야 할 때「お願いします」라고 말한다.「もう一度」는「다시 한 번」이라는 의미를 지니고 있다. 좀 천천히 말해 주기를 부탁해야 할 때에는「ゆっくりお願いします」라고 말한다. 무언가를 빨리 해 주기를 부탁할 때에는「早<ruby>早<rt>はや</rt></ruby>くお<ruby>願<rt>ねが</rt></ruby>いします」라고 말한다.

6-5 ｜ <ruby>下<rt>くだ</rt></ruby>さい。 주세요.

■ 쇼핑을 할 때

A : これ、ください。

우선 원하는 물건을 가리키며「これ、ください」라고 말하면 된다.「물건의 이름」＋「ください」라고 말해도 상관없다.「すみません」을 처음에 붙여 말하면 더욱 정중한 표현이 된다.

6-6 ｜ <ruby>見<rt>み</rt></ruby>せてください。 보여 주세요.

■ 신분증명서를 보여 주어야 할 때

<ruby>職員<rt>しょくいん</rt></ruby> : <ruby>身分証<rt>みぶんしょう</rt></ruby>、<ruby>見<rt>み</rt></ruby>せてください。

A : はい。

「見せてください」는「보여 주세요」라는 의미이다.

6-7 ｜ <ruby>教<rt>おし</rt></ruby>えてください。 가르쳐 주세요.

■ 전화번호를 부탁할 때

A : Bさん、<ruby>電話番号<rt>でんわ ばんごう</rt></ruby>、<ruby>教<rt>おし</rt></ruby>えてください。

「教えてください」는 「가르쳐 주세요」라는 의미이다. 상대방에 대해 알고 싶은 부분이 있다면 「教えてください」라고 말하면 된다.

보충 단어

売り場	매장
店員	점원
お客	손님
レジ	레지, 계산대
お金	돈
小銭	작은 돈, 잔돈
お釣り	거스름 돈
現金	현금
クレジットカード	신용카드
消費税	소비세
領収証	영수증
レシート	레시트(금액을 찍은 것)
値段	가격
割引	할인
バーゲンセール	바겐세일
郵便局(ゆうびんきょく)	우체국
ポスト	우체통

手紙	편지
葉書	엽서
切手	우표
封筒	봉투
宛名	수신인의 주소
書留	등기
エアメール	항공편
電話番号	전화번호
公衆電話	공중전화
ファックス	팩스
携帯電話	휴대폰
テレホンカード	전화카드
飛行機	비행기
空港	공항
出発ロビー	출국로비
パスポート	여권
ビザ	비자, 사증
チケット	티켓, 표
器	그릇

皿（さら）	접시
箸（はし）	젓가락
鍋（なべ）	냄비
コップ	컵
電話（でんわ）	전화
テレビ	텔레비전
ビデオ	비디오
冷蔵庫（れいぞうこ）	냉장고
洗濯機（せんたくき）	세탁기
服（ふく）	옷
帽子（ぼうし）	모자
眼鏡（めがね）	안경
スーツ	양복
靴（くつ）	구두
野菜（やさい）	채소
肉（にく）	고기
卵（たまご）	계란
砂糖（さとう）	사탕

塩（しお）	소금
春（はる）	봄
夏（なつ）	여름
秋（あき）	가을
冬（ふゆ）	겨울
一日（いちにち）	하루
朝（あさ）	아침
昼（ひる）	낮
晩（ばん）, 夜（よる）	밤
一昨日（おととい）	그저께
昨日（きのう）	어제
今日（きょう）	오늘
明日（あした）	내일
先週（せんしゅう）	지난주
今週（こんしゅう）	이번주
来週（らいしゅう）	다음주
先月（せんげつ）	지난달

来月（らいげつ）	다음달
一昨年（おととし）	재작년
去年（きょねん）	작년
今年（ことし）	올해
来年（らいねん）	내년
動物（どうぶつ）	동물
犬（いぬ）	개
猫（ねこ）	고양이
豚（ぶた）	돼지
鶏（にわとり）	닭
國（くに）	나라
韓国（かんこく）	한국
日本（にほん）	일본
アメリカ	미국
中国（ちゅうごく）	중국
太陽（たいよう）	태양
月（つき）	달

漢字	뜻
星（ほし）	별
雲（くも）	구름
風（かぜ）	바람
山（やま）	산
海（うみ）	바다
川（かわ）	강
木（き）	나무
花（はな）	꽃
道（みち）	길
池（いけ）	연못
石（いし）	돌
雪（ゆき）	눈
雨（あめ）	비
上（うえ）	위
下（した）	아래
左（ひだり）	왼쪽
右（みぎ）	오른쪽

中 (なか)	가운데, 안, 속
前 (まえ)	앞
後 (うしろ)	뒤(장소)
横 (よこ)	옆, 가, 가로
内 (うち)	안
外 (そと)	바깥, 외부
日曜日 (にちようび)	일요일
月曜日 (げつようび)	월요일
火曜日 (かようび)	화요일
水曜日 (すいようび)	수요일
木曜日 (もくようび)	목요일
東 (ひがし)	동쪽
西 (にし)	서쪽
南 (みなみ)	남쪽
北 (きた)	북쪽
どちら	어느쪽
誰 (だれ)	누구

いつ	언제
荷（なに）	무엇, 무슨
どこ	어디
どれ	어느것
掃除（そうじ）	청소
旅行（りょこう）	여행
運転（うんてん）	운전
散歩（さんぽ）	산책
仕事（しごと）	일
起（お）きる	일어나다
飲（の）む	마시다
食（た）べる	먹다
洗（あら）う	씻다
磨（みが）く	닦다
着（き）る	입다
履（は）く	신다
被（かぶ）る	(모자 등을)쓰다

かける	(안경을)걸치다. 쓰다.
脱ぐ	벗다.
出る	나가다.
通う	다니다. 통학하다.
通る	통과하다
乗る	타다
下りる	내리다
座る	앉다
立つ	서다
勉強する	공부하다
教える	가르치다
習う	배우다
働く	일하다
勤める	재직하다. 근무하다.
入る	들어가다
終わる	끝나다
仕事する	일하다

働_{はたら}く	일하다
売_うる	팔다
買_かう	사다
休_{やす}む	쉬다. 휴식을 취하다.
払_{はら}う	지불하다
見_みる	보다
始_{はじ}める	시작하다
始_{はじ}まる	시작되다
宿題_{しゅくだい}する	숙제하다
予習_{よしゅう}する	예습하다
復習_{ふくしゅう}する	복습하다
質問_{しつもん}する	질문하다

활용 문형

お願いがあります。	부탁이 있습니다.
頼みたいことがあります。	부탁하고 싶은 것이 있습니다.
お電話をいただけますか。	전화를 해 주시겠습니까.
日本語の本を貸してくれませんか。	일본어 책을 빌려 주지 않겠습니까.
お時間をいただけませんか。	시간을 내어 주시겠습니까.
手伝ってくれますか。	도와주겠습니까.
ここに座ってもいいですか。	여기에 앉아도 됩니까(괜찮습니까).
どうぞ。	그러세요.
いいですよ。	좋아요.
ええ、喜んで。	예, 기꺼이(그렇게 하세요).
構いません。	괜찮아요.
そうしましょう。	그러죠. 그렇게 합시다.
それは駄目です。	그건 안 됩니다.
結構です。	됐습니다. 좋습니다.
無理です。	무리입니다.
それ、頂戴。	그것, 줘.

ちょっと待っていて。　　　　잠깐 기다려 줘.

ちょっと待っていてください。　잠깐 기다려 주세요.

少々お待ちください。　　　　잠시만 기다려 주십시오.

日本語の辞書を貸してください。　일본어 사전을 빌려 주세요.

日本語を教えてください。　　일본어를 가르쳐 주세요.

せっかくですが、結構です。　모처럼 말씀하셨습니다만 (저는) 괜찮습니다. 충분합니다.

電話をする　　　　　　　　전화를 하다.

電話を入れる　　　　　　　전화를 넣다.

電話に出る　　　　　　　　전화에 나오다(전화를 받다).

電話を代わる　　　　　　　전화를 바꾸다.

電話を切る　　　　　　　　전화를 끊다.

電話を回す　　　　　　　　(걸려 온)전화를 다른 곳으로 돌리다.

電話口に呼び出す　　　　　(상대를)전화 쪽으로 호출하다(부르다)

部屋に繋ぐ　　　　　　　　방으로 연결하다

国際電話を申し込む　　　　국제전화를 신청하다.

通訳を頼む　　　　　　　　통역을 부탁하다.

番号を教える　　　　　　　번호를 가르쳐 주다.

Aさんからの電話がありました。　A씨로부터 전화가 왔습니다.

日本からのファックスが届いたとのメッセージがありました。

일본으로부터의 팩스가 도착했다는 메시지가 있었습니다.

日本からの国際電話が届きました。　일본에서 국제전화가 왔습니다.

ただいま、お話し中ですので、しばらくしてからおかけ直してください。

지금 통화 중이므로 잠시 후 다시 걸어 주십시오.

切らずにお待ちください。　　끊지 말고 기다려 주십시오.

もう一度お確かめになってご利用くださいませ。

다시 한 번 확인하신 후에 이용해 주십시오.

少々お待ちください。　　　잠깐 기다려주세요.

結構です。　　　　　　　좋습니다. 이제 됐습니다.

お越しください。　　　　　와 주세요. 건너오세요.

あ、これ、少ないけれど。　아, 이거 적지만.

サービス料をいただいておりますので。

서비스료를 받고 있기 때문에(괜찮습니다.)

せっかくですが、けっこうでございます。

모처럼 주시는 것입니다만 괜찮습니다.

こちら、鈴木様へのメッセージです。

여기 스즈키 씨에게 메시지가 있습니다.

田中さんからの電話がありました。　다나카 씨로부터 전화가 왔었습니다.

別に伝言はありませんでした。　　특별히 전할 말은 없었습니다.

もう一度電話をなさるということです。　다시 한 번 전화하신다고 합니다.

電話をしてほしいということです。　전화해 달라고 합니다.

七時過ぎに、直接こちらへお訪ねになるということです。

7시 지나서 직접 여기로 찾아오신다고 합니다.

この書類を朴部長にわたしてもらいたいとの伝言がありました。

이 서류를 박 부장님에게 전해 달라는 말씀이 있었습니다.

帽子を被る	모자를 쓰다↔벗다: ぬぐ、とる
眼鏡をかける	안경을 쓰다↔벗다: はずす
洋服を履く	양복을 입다↔벗다: ぬぐ
ズボンをはく	바지를 입다↔벗다: ぬぐ
靴をはく	구두를 신다↔벗다: ぬぐ
靴下をはく	양말을 신다↔벗다: ぬぐ
ネクタイを絞める	넥타이를 매다↔풀다: はずす、とる
時計をはめる	시계를 차다↔풀다: とる
指輪をはめる	반지를 끼다↔빼다: とる

手袋をはめる　　　　　　장갑을 끼다↔벗다: とる

マフラをまく、する　　　머플러를 두르다↔풀다: とる

ボタンをかける　　　　　단추를 잠그다↔풀다: はずす

ブローチをつける、する　브로치를 달다↔떼다: とる

バッチをつける、する　　뱃지를 달다↔떼다: とる

イヤリングをつける　　　귀걸이를 하다↔떼다: とる

ピンをつける　　　　　　핀을 꽂다↔빼다: とる

チャックをしめる　　　　지퍼를 잠그다↔내리다: おろす

マスクをかける、する　　마스크를 하다↔벗다: とる

切手を貼る　　　　　　　우표를 붙이다.

重さを計る　　　　　　　무게를 달다.

電報を打つ　　　　　　　전보를 치다.

箱に入れる　　　　　　　상자에 넣다.

紐で結ぶ　　　　　　　　끈으로 묶다.

郵便箱に入れる　　　　　우편함에 넣다.

紙でつつむ　　　　　　　종이로 포장하다.

一週間で届く　　　　　　일주일에 도착하다.

手紙を送る、出す　　　　편지를 부치다.

エアコンもついていますよ。　에어컨도 붙어 있어요.

食器は、割れないように、新聞紙でつつんでおきます。

식기는 깨지지 않도록 신문지로 싸서 둡니다.

朝早く起きられるように、目覚まし時計をかける。

아침 일찍 일어날 수 있도록 자명종 시계를 걸어둔다.

忘れないように、メモする。　잊지 않도록 메모한다.

なくさないように、かばんに入れる。　잃지 않도록 가방에 넣는다.

人がおおぜいいて、中に入れません。

사람이 많이 있어서 안으로 들어가지 못합니다.(들어갈 수 없습니다)

誰がこの写真を撮ってくれたの? 누가 이 사진을 찍어 주었어?

誰に送ってもらったの?　　누가 보내준 것이지?

じゃ、1キロあとで届けてください。

그럼 1킬로그램 나중에 배달해 주세요.

夕方でもいい?　　　　저녁때라도 좋나요?

今日の夕方よ。明日の夕方じゃ、おそいわ。

오늘 저녁이에요. 내일 저녁이면 늦어요.

わかった。でも、代金は今もらおうかな。

알았어. 하지만 대금은 지금 받을 거예요.

小田さんに連絡してくれた? 오다 씨에게 연락 해 주었어?(연락했어)

したよ。どうして小田さん、来ないんだろう。

했어. 어째서 오다 씨 오지 않는 걸까?

さっき、映画がいいって言ったんじゃない?

아까 영화가 좋다고 말하지 않았어?

あら、私は絵がいいって言ったのよ。

어, 나는 그림이 좋다고 말한 것이었어.

ねえ、お父さん、あの店、覚えてる？　네, 아버지 그 상점 기억하고 있지?

今日、母が国から来るかも知れません。

오늘 어머니가 고향에서 올지도 모르겠습니다.

あそこは人が多すぎるから、別の場所にしましょう。

저기는 사람이 너무 많으니까 다른 장소로 합시다.

明日は晴れてほしいですね。 내일은 맑아 주었으면(맑았으면) 한다.

今日は早く帰ってほしいんですけど。

오늘은 빨리 돌아와 주었으면 합니다만.(돌아와 주기를 바랍니다만)

あまり期待しないでほしいです。　그다지 기대하지 않기를 바랍니다.

このことは他人に言わないでほしいです。

이것은 타인에게 말하지 않기를 바랍니다.

彼は何よりも口がうまいです。　그는 무엇보다도 말을 잘 합니다.

あまり無理しないで。　　　너무 무리하지 말기를.(않도록 하기 바래)

少しやせたようですよ。　　조금 여윈 것 같군요.

契約のことで無理したらしいです。　계약의 일로 무리한 것 같습니다.

今にも雨が降りそうです。　지금이라도 비가 내릴 것 같습니다.

明日は子供の日なので学校は休みです。

내일은 어린이 날이기 때문에 학교는 휴일입니다.

明日あたり行きます。　　　내일 쯤 갑니다.

そこらあたりにいるはずです。　그곳쯤에 있을 터입니다.

●●● 알아 두어야 할 일본문화 ●●●

● 전화번호

(03)   2587   1144
市外局番   局番   番号
（しがい きょくばん）（きょくばん）（ばんごう）

전화번호는 위와 같이 시외국번, 국번, 번호로 되어 있다. 읽는 방법은 시외국번과 국번 사이, 국번과 번호 사이에 「の」를 넣어 읽는다.

예)   (03)   2587   1144
　　ゼロ サン ／ ニイ ゴウ ハチ ナナ ／ イチ イチ ヨン ヨン

전화번호를 말할 때에는 특별히 숫자 2는 「ニイ」, 5는 「ゴウ」로 읽는다. 0은 「ゼロ」「レイ」「マル」 등으로 읽는다. 일본에서 전화번호를 모를 때에는 「104번」으로 전화하면 알 수 있다.

■■■ 문법 보충 설명 ■■■

△ 樣態, 傳聞

모양과 상태를 보고 시각적, 직관적으로 판단하는 것으로 양태의 「~そうだ」가 있다. 「종지형+そうだ」는 「~라고 한다」는 의미를 가진 傳聞의 표현으로 양태의 「~そうだ」와는 별개의 표현이다.

1. 양태의 「~そうだ」
ㅇ「형용동사+そうだ」　　~일(할) 것 같다
ㅇ「형용사+そうだ」　　　~일(할) 것 같다
このケーキ、おいしそうですね。　이 케이크 맛있을 것 같군요.
ㅇ「동사(ます형)+そうだ」　~할 것 같다(될 것 같다)
今にも雨が降りそうです。　당장이라도 비가 내릴 것 같습니다.

2. 전문의 「そうだ(종지형+そうだ)」
ㅇ「명사(~だ)+そうだ」　　　~라고 한다
この店のほとんどは学生だそうだ。　이 가게의 대부분은 학생이라 한다.
ㅇ「형용동사(~だ)+そうだ」　~라고 한다
ㅇ「형용사(~い)+そうだ」　　~라고 한다
ㅇ「동사 기본형+そうだ」　　~라고 한다
彼はあしたも来るそうです。　그는 내일도 온다고 합니다.

3. ~ない의 추측
ㅇ「~なさそうだ」　　~이지 않아 보인다

学生ではなさそうだ。 학생은 아닌 것 같이 보인다.(학생 같아 보이지 않는다)

4. 「~そうだ」의 부정

○「~そうにない」、「~そうもない」   ~할 것 같지도 않다

食べそうもない。 먹을 것 같지도 않다.

△ 물건을 주고받는 표현

○「あげる」   내가 타인에게 줄 때

「さしあげる」(윗사람에게) 드리다. (베품의 느낌이 포함되어 있어 타인에게

주는 경우에 사용)

彼には何をあげましたか。 그에게는 무엇을 주었습니까.

○「くれる」   타인이 나에게 줄 때 (윗사람에게)주시다

「くださる」(감사의 느낌이 포함되어 있어 타인에게 주는 경우에 사용)

これは兄がくれたデジタルカメラです。 이것은 형이 준 디지털 카메라입니다.

2. 받다

○「もらう」   받다(타인에게 받을 때)

「いただく」   (윗사람에게)받다

これは彼にもらった財布です。 이것은 그에게 받은 지갑입니다.

△ 동작을 주고받는 표현

「て형」에 보조동사로써 「あげる、くれる、もらう」가 연결되면 물건이 아닌 행위, 서비스 등을 주고받는 표현이 된다.

○「~に ~てあげる」(베풂) ~해 주다(내가 타인에게)

彼女に財布を買ってあげました。 그녀에게 지갑을 사주었습니다.

○「~に ~さしあげる」   ~해 드리다(손윗사람에게 해 드릴 때)

○「~に ~てくれる」   (고마움) ~해 주다(타인이 나에게)

姉が英語の本を買ってくれた。 누나(언니)가 영어책을 사 주었다.

○「~に ~てくださる」   ~해 주시다(손윗사람이 주실 때)

○「~に(~から) ~もらう」(고마움) ~에게 ~해 받다.(사람 주어).

彼に財布を買ってもらいました。그에게 지갑을 사 받았습니다.(그가 지갑을

사 주었습니다.

○「~から / ~に~ていただく」

(손윗사람에게 받을 때) ~에게 ~해 받다. ~가 ~해 주시다.

△ 변화 표현

「~になる」는 「~이 되다」의 표현으로 주로 상태의 변화를 나타낼 때 사용된다.

1.「명사+になる」

彼は先生になりました。 그는 선생님이 되었습니다.

2.「형용동사+になる」

掃除をしたら部屋が本当にきれいになりました。

청소를 하니까 방이 정말로 깨끗해 졌습니다.

3. 「형용사+になる」

速くなる。 빠르게 되다.

4. 「동사 기본형+ようになる」

買うようになる。 사게(사도록) 되다.

△ 가능 표현

가능동사는 동작 등이 가능한 상태를 의미하는 자동사가 되므로 조사 「を」와 잘 어울리지 않는다. 가능동사에 「ように」를 접속시켜 「할 수 있게 되다」라는 능력의 변화를 표현할 수 있다.

1. 5단동사
어미를 「え단」으로 변화시키고 +「る」
本が読める。 책을 읽을 수 있다.

2. 1단동사
어미 「~る」를 탈락시키고 +「られる」

パンが食べられる。 빵을 먹을 수 있다.

3. 변격동사

○「する→できる。」

運転ができる。　운전을 할 수 있다.

「くる→来られる。」

明日来られる。　내일 올 수 있다.

4. 유사 표현

○「~ことができる」의 패턴 이용→(주어)는 (목적어)「を」(동사)「ることができる」

私は漢字を読むことができる。　나는 한자를 읽을 수 있다.

○ 기능동사를 직접 사용→(주어)는 (목적어)「が」가능동사

私は漢字が読める。　나는 한자를 읽을 수 있다.

제7과
방문할 때의 표현

訴問する。

7-1 お邪魔します。 실례하겠습니다.

■ 집을 방문할 때

保証人 : いらっしゃい。

A : お邪魔します。

남의 집을 방문할 때, 「お邪魔します」 혹은 「失礼します」라고 말하면서 들어선다. 맞이하는 측에서는 「いらっしゃい」라고 말하고 손님을 맞이한다. 상점에서 점원도 손님에게 향해서 「いらっしゃいませ」라고 말한다.

7-2 こちらはAさん。 이쪽은 A씨.

■ 소개받을 때(보증인의 부인을 소개받다)

保証人 : 家内です。 こちらはAさん。

奥_{おく}さん ：　いらっしゃい。

「こちら」는 「これ」의 정중한 형태이다. 눈앞에 있는 사람을 가리킬 경우에는 정중한 표현인 「こちら」를 사용하는 것이 좋다. 자신의 배우자를 남에게 말할 때는 「家内_{かない}, 집사람」「妻_{つま}, 처」, 남편의 경우는 「主人_{しゅじん}, 남편)」「夫_{おっと}, 바깥 양반)」이라고 말한다. 남의 배우자를 부를 때는 「奥_{おく}さん(부인)」「ご主人_{しゅじん}(남편)」으로 부른다.

7-3 ｜ つまらないものですが。　변변치 않습니다만.

■ 선물을 건네 줄 때

A : つまらないものですが。

奥_{おく}さん : まあ、すみません。

일본에서는 남의 집을 방문할 때, 과자나 과일 등의 간단한 선물을 가지고 가는 경우가 많다. 특산물이나 선물을 건네 줄 때에 일본인은 「つまらないものですが」라는 말을 항상 의례적으로 사용한다. 「별 것 아니니 신경 쓰지 마세요. 변변치 못한 것입니다.」라는 느낌을 나타낸다. 상대방에게 부담감을 주지 않으려는 배려에서 이러한 표현을 사용한다고 보면 된다. 「まあ」은 「어머나!」 정도의 의미로서 여성이 사용하는 말로 가벼운 놀람을 나타낸다. 여기서의 「すみません」은 미안함 속에 감사함을 나타내는 표현이다. 역시 독특한 일본 문화라고 볼 수 있다.

7-4 ┊ いただきます。   잘 먹겠습니다.

■ 차를 권유받았을 때

奥さん : お茶、どうぞ。

A : いただきます。

남의 집에 초대를 받아 갔을 경우 음료수나 음식이 나오게 되는데, 그 음식을 마시거나 먹거나 할 때 「いただきます」라고 표현한다. 자신이 직접 요리를 해서 먹을 경우도 또는 레스토랑 등에서 식사를 할 때도 「いただきます」라고 말하기도 한다.

7-5 ┊ ごちそうさま。   잘 먹었습니다.

■ 식사 후에

A : ごちそうさま。

식사가 끝나고 「ごちそうさま」라고 말하는 것은 맛있는 음식을 먹게 해 주어서 감사하다는 예를 표현한 것이다. 혼자서 식사를 하거나, 좋은 레스토랑 등에서 식사가 끝났을 때도 「ごちそうさま」라고 말한다. 이것은 이러한 맛있는 음식을 내려주신 신에게 또는 조상에게 고마움을 표하는 표현인 것이다. 「ごちそうさま」는 「이렇게 맛있는 요리를 먹게 하여 주어서 대단히 만족합니다」라는 의미를 나타내고 있다. 「ごちそうさま」에 이어서 「でした」라고 하면 더욱 정중한 표현이 된다.

7-6 | お手洗いは？　화장실은요?

■ 남의 집에서 화장실을 사용하고 싶을 때

A : あのう、お手洗いは…

奥さん : こちらです。

「あのう」는 남에게 말을 걸 때 부르는 표현의 일종이다. 「お手洗いは…」는 「화장실은 어디에 있습니까?」 즉, 「화장실을 좀 빌려 써도 괜찮겠습니까」라는 의미가 포함된다. 일본의 경우 반드시 남의 집을 방문해서 화장실을 쓰는 경우에도 미리 양해를 구해야만 실례가 되지 않는다. 「화장실」의 표현법에는 「お手洗い」 이외에 「トイレ」「洗面所」「便所」 등이 있다. 「お手洗い」나 「トイレ」가 일반적으로 많이 사용된다.

7-7 | そろそろ失礼します。
(이제) 슬슬 실례하겠습니다.

■ 돌아가고 싶을 때

A : そろそろ失礼します。

保証人 : そうですか。

돌아가야 할 시간이 다가왔을 때 집주인에게 「そろそろ失礼します」라고 말한다. 「そろそろ」는 슬슬 돌아갈 시간이 되었음을 나타내는 말이다. 「失礼します」

는 다른 사람의 집이나 방에 들어갈 때, 또는 방에서 나올 때에도 사용된다.

7-8 お邪魔しました。　실례했습니다.

방해해서 죄송합니다.

■ 방문을 마치고 돌아갈 때

A : お邪魔しました。

保証人 : お気をつけて。また、いらっしゃいませ。

　남의 집에 들어갈 때에는 「お邪魔します」라고 말하지만 돌아 나올 때에는 과거형인 「お邪魔しました」라고 한다. 「失礼します」(실례하겠습니다)라고도 말한다. 식사를 대접 받고 돌아갈 때에도 「ごちそうさま」(잘 먹었습니다)라고 말해도 좋다.

보충 단어

ドア	문
玄関（げんかん）	현관
部屋（へや）	방
台所（だいどころ）	부엌
風呂（ふろ）	욕실
トイレ	화장실
お手洗い（おてあらい）	화장실
洗面所（せんめんじょ）	세면장
シャワー	샤워
廊下（ろうか）	복도
和室(わしつ)	일식 방
洋室（ようしつ）	양실
リビングルーム	거실
庭（にわ）	마당
ベランダ	베란다
駅員（えきいん）	역무원
番号札（ばんごうふだ）	번호명패

窓口 まどぐち	창구
滑り台 すべ　だい	미끄럼대
遊園地(ゆうえんち)	유원지
砂遊び すなあそ	모래장난
汽車 きしゃ	기차
封筒 ふうとう	봉투
こづつみ	소포
エレベーター	엘리베이터
支社 ししゃ	지사
幼稚園(ようちえん)	유치원
保育園 ほいくえん	보육원
港 みなと	항구
船 ふね	배
鉄橋 てっきょう	철교
船舶 せんぱく	선박
自動販売機 じどうはんばいき	자동판매기
缶コーヒー かん	캔 커피
動物園 どうぶつえん	동물원
消防署 しょうぼうしょ	소방서

保健所	보건소
会館	회관
脳	뇌
頭脳	두뇌
歯	치아
舌	혀
顎	턱
背中	등
肩	어깨
腰	허리
腕	팔, 완력
肘	팔꿈치
手首	손목
言う	말하다
話す	말하다. 대화하다.
喋る	수다 떠다. 잡담하다.
呼ぶ	부르다

知る	알다
読む	읽다
書く	쓰다
消す	지우다
聞く	듣다
分かる	알다
動く	움직이다
歩く	걷다
走る	달리다
飛ぶ	날다
泳ぐ	수영하다
ある	있다(무생물)
いる	있다(생물)
押す	누르다
引く	끌다. 당기다.
踏む	밟다
つける	붙이다. 켜다.
消す	끄다. 지우다.

貼る	붙이다. 펴다.
取る	떼다. 취하다.
持つ	가지다. 들다.
切る	자르다. 끊다.
折る	꺾다. 접다.
割る	깨다
壊す	부수다
汚す	더럽히다
開ける	열다
閉める	닫다
閉じる	닫다. 덮다.
見える	보이다
聞こえる	들리다
止める	세우다
とまる	멈추다
辞める	그만두다
諦める	포기하다. 체념하다.

続ける	계속하다
晴れる	개다. 맑다.
曇る	흐리다
降る	(비) 내리다
吹く	(바람)불다
冷える	차가워지다
喜ぶ	기뻐하다
怒る	화내다
悲しむ	슬퍼하다
祝う	축하하다
成る	되다. 이루어지다.
変わる	바뀌다
落ちる	떨어지다
受かる	붙다. 합격하다.
置く	두다. 놓다.
選ぶ	선택하다
取る	취하다. 따다.

| 抜<ruby>く<rt>ぬ</rt></ruby> | 뽑다 |

抜く	뽑다
決める	정하다. 결정하다.
残る	남다
考える	생각하다(사고)
思う	생각하다(마음)
思い出す	떠올리다. 생각나다.
忘れる	잊다
覚える	기억하다
戻る	되돌아오다. 되돌아가다.
帰る	돌아가다. 돌아오다.
行く	가다
来る	오다
向かう	향하다
弾く	(피아노)치다
吹く	(피리)불다
歌う	노래하다
踊る	춤추다

遊ぶ　　놀다
喧嘩する　　싸움하다
殴る　　때리다
叩く　　두드리다
怪我をする　　상처를 입다. 다치다.
転ぶ　　넘어지다
送る　　보내다. 부치다.
待つ　　기다리다
届く　　배달되다
着く　　도착하다
急ぐ　　서두르다
挙げる　　(타인에게)주다
呉れる　　(우리에게)주다
貰う　　받다
いただく　　(삼가)받다
くださる　　주시다
する　　하다
やる　　하다. 주다.

<ruby>行<rt>おこな</rt></ruby>う	행하다
<ruby>開<rt>ひら</rt></ruby>く	열다. 개최하다.
やられる	당하다

활용 문형

お待ちしておりました。　　　기다리고 있었습니다.

どうぞ、お上がりください。　　자, 올라오세요. (들어오세요.)

どうぞ、お入りください。　　자, 들어오세요.

はい、どうぞ。　　네, 들어오십시오.

お邪魔します。　　실례하겠습니다.

あのう、これつまらないものですが、どうぞ。

저, 이것 변변치 못한 것입니다만 받으세요.

ご丁寧にありがとう。　　정중하게도(정중한 선물) 감사합니다.

わざわざ、どうも。　　일부러 감사합니다.

では、遠慮なく。　　그럼, 사양 않고 (받겠습니다).

飲み物は何になさいますか。　마실 것은 무엇으로 하시겠습니까.

あたたかいコーヒーをお願いします。　따뜻한 커피를 부탁합니다.

お粗末さまでした。　　변변치 않았습니다.

お疲れさまでした。　　수고 많으셨습니다.

お待ちどおさまでした。　　많이 기다리셨습니다.

ご迷惑をおかけしました。　　많은 폐를 끼쳐드렸군요. 실례가 많았습니다.

そろそろ帰らせていただきます。　슬슬 돌아가겠습니다.

またいらっしゃってください。　또 오십시요.

またおいでください。　　　또 오십시요.

お家のみなさんにもよろしくお伝えください。

댁의 여러분들에게도 안부전해 주세요.

初めまして、中村と申します。　처음 뵙겠습니다. 나카무라라고 합니다.

井上様が来られなくなったとのご連絡がありました。

이노우에 씨가 오시지 못한다는 연락이 있었습니다.

切ってお待ちください。　　끊고 기다려 주십시오.

そのままお待ちください。　그대로 기다려 주십시오.

三分で切れてしまいます。　3분에 끊어집니다.

あしたの朝六時に起こしてもらえますか。

내일 아침 6시에 깨워 주실 수 있습니까.

ご帰国の便の出発が二時間おくれるとの連絡がありました。

귀국편 비행기 출발이 2시간 늦어진다는 연락이 있었습니다.

お部屋で吉村さんからの連絡をお待ちになるようにというご伝言があり

ました。

방에서 요시무라 씨 연락을 기다리도록 하라는 연락이 있었습니다.

チェックアウトをしたいのですが。　체크아웃을 하려고 합니다만.

いくらになりますか。　　　얼마 입니까.

千円のお返しです。　　　　　천 엔 거스름입니다.

どうもお世話になりました。　그동안 신세졌습니다.

かわいいね。それは高い?　　귀엽네. 그거 비싸?

ぼくもほしいな(あ)。　　　　나도 갖고 싶어.

うん、どう?　　　　　　　　응 어때?

でも、赤いのはちょっと。　　하지만, 빨간 것은 조금….

そのデザインはあまり…。私はこの黒いのが好き。

그 디자인은 그다지…. 난 이 검은 것이 좋아.

それ、かわいいね。　　　　　그거 귀엽네.

授業は何時に始まるの?　　　수업은 몇 시부터 시작해?

終わるのは?　　　　　　　　끝나는 것은?

夜は何時に寝る?　　　　　　저녁은 몇 시에 자?

じゃあ、起きるのは?　　　　그럼 일어나는 것은?

へえ、早いね。　　　　　　　와 빠르다.

えっ、買わない?　　　　　　어, 안 사?

じゃあ、家に友達が来るんだね。　그럼 집에 친구가 오는구나.

本当に買ったよ。　　　　　　정말로 샀어.

じゃ、今度は。　　　　　　　그럼 이번에는?

おお、すごい！牛乳も全部飲んだ！　와 굉장하다! 우유도 전부 마셨다!

本当だ。今、音楽を聞いている！　정말이다. 지금 음악을 듣고 있다!

コートを脱いだ。　　　　　　　코트를 벗었다!

信じられない！　　　　　　　믿어지지 않는군(믿을 수 없는 일이군)!

今、雪が降っているよ。早く出ないと学校に遅れるよ。

지금 눈이 내리고 있어. 빨리 안 나가면 학교에 늦어요.

ほら、外はもう明るくなっているよ。　저 봐, 밖은 벌써 환해져 있어.

はあ、どんな顔?　　　　　네, 어떤 얼굴?

富士山って、どこ?　　　　　후지산이란, 어디?

ほら、日本で一番高い山。　거기 왜, 일본에서 가장 높은 산 있지?

あ、電話だ。もしもし、うん、分かった。

아, 전화다. 여보세요? 응, 알았어.

それで、その人は?　　　　　그래서 그 사람은?

ごめん、続きはまた明日、じゃあね。　미안, 그 다음은 내일 다시, 그럼.

えっ?　　　　　　　　　　네?

どうして走っているの。　　　왜 달리고 있지?

そんなに急がなくてもよかったんだよ。　그렇게 서두르지 않아도 되었어.

ああ、よかった。間に合った。　아, 다행이다. 늦지 않았어.

あ、会社がない。　　　　　어, 회사가 없어져.(혼잣말)

きのうつぶれたんだ。　　어제 망했어.

お陰様でもうだいぶいいんですよ。　덕분에 이제 많이 좋습니다.

どころで、洗濯はどうしているよ。　그런데 세탁은 어떻게 하고 있어.

今、終わったところです。　지금 끝난 참입니다.

先生がくださったテープ、毎日聞いています。

선생님이 주신 테이프 매일 듣고 있습니다.

では、ほかの先生方にもよろしくお伝えください。

그럼 그 밖의 선생님에게도 잘 부탁드린다고 전해 주십시오.

田中さんはいらっしゃいますか。　다나카 씨는 계십니까.

すみませんが、ナプキンを取っていただけませんか。

미안합니다만, 냅킨을 뽑아 주시지 않겠습니까.

傘をお貸ししましょうか。　우산을 빌려 줄까요.

お手伝いしましょうか。　도와 드릴까요.

お取りできますので、お名前、ご住所、お電話番号をお願いします。

예약이 가능하기 때문에 성함, 주소, 전화번호를 부탁합니다.

アニメなのにまるで本物のようでした。

애니메이션인데도 마치 진짜 같았습니다.

こんど新しい職場に移ることになりました。

이번에 새 직장으로 옮기게 되었습니다.

来年から講義の内容を変えることになっています。

내년부터 강의 내용을 바꾸게 되었습니다.(되어 있습니다)

お国はどちらですか。　　　　고향은 어디입니까.

そんな悪いことをする人じゃないはずです。

그런 나쁜 짓을 할 사람은 아닐 것입니다.(아닙니다)

きのう届くはずのお金が届かなかったので、買えません。

어제 와야 할 돈이 오지 않아서 살 수가 없습니다.

では、私のようにやってみてください。　그럼 저처럼 해 보세요.

まず、右手を上に上げるんですね。　우선 오른손을 위로 올리는 군요.

はい、それから左手も上にゆっくり上げてください。

네 그리고 나서 왼손도 위로 천천히 올리세요.

これはどこに効果があるんですか。

이것은 어디에 효과가 있는 것인가요.

これは体を柔らかくするための運動です。

이것은 몸을 부드럽게 하기 위한 운동입니다.

では、足を伸ばしてください。　그럼 다리를 펴세요.

ええ、最初は難しいでしょう。でも、慣れると簡単ですよ。

네, 처음에는 어려울 거예요. 하지만 익숙해지면 간단합니다.

要らないものは買わないほうがいいです。

필요하지 않는 것은 사지 않는 편이 좋습니다.

風邪をひかないようにします。감기에 걸리지 않도록 합니다. (하겠습니다)

ゆうべ飲みすぎて頭が痛い。　어제 과음해서 머리가 아프다.

必ず失敗しないようにします。반드시 실패하지 않도록 하겠습니다.

下宿のおばさんは親切すぎて、ときどき迷惑なこともあります。

하숙 아주머니는 너무 친절해서 때때로 귀찮은 적도 있습니다.

山登りできるほどの体力はまだないです。

산에 오를 수 있을 정도의 체력은 아직 아닙니다.(없습니다)

万一の場合を考えましょう。　만일의 경우를 생각해 봅시다.

もうそろそろ行かなくちゃ。　이제 슬슬 가지 않고서는 (안 되겠다)

元気を出さなくちゃ。　　　힘을 내지 않고서는 (안 되겠다)

免許をとったばかりです。　면허를 막 딴 참입니다.

あしたの朝使うものだから、今晩作らなくてはならない。

내일 아침 사용할 것이니까 오늘밤 만들지 않으면 안 된다.

こんどの試験はあまり難しくないだろうから、徹夜して勉強しなくても

いい。

이번 시험은 별로 어렵지 않을 테니까 철야로 공부하지 않아도 된다.

とうとう雨が降らなかった。傘を持ってこなくてもよかったんだ。

결국은 비가 내리지 않았다. 우산을 가져오지 않아도 되었다.

○ 동사　　　　　　　「(과거형 た)ら」

東京に行ったらすしを食べてみてください。　동경에 가면 초밥을 먹어 보세요.

4. (사전형)「なら」

○ 명사, 형용동사　　「(사전형) なら」

○ 형용사　　　　　　「(사전형~い) なら」

○ 동사　　　　　　　「(사전형 来る) なら」

パソコンを買うなら秋葉原へ行ったほうがいいですよ。 컴퓨터를 사려면 아

키하바라에 가는 편이 좋습니다.

△ 가정 조건(유사 표현 구분)

1.「~と(순접)」

필연적인 전개. 뒤의 문장에 과거가 수반되어 「~하자, ~하였다」의 의미로 쓰인다. 일정한 조건하에서는 동일한 결과가 전개된다는 필연적인 결과에 중심이 놓인 표현이다. 일정한 조건하에 일정한 결과가 나오므로 뒤에 명령, 의지, 지시 등 가변적인 전개는 잘 어울리지 않는다. 필연적인 전개에 따르기 때문에 자연현상, 위치 관계, 논리 공식 등에 잘 어울린다.

この本を読むとわかる。(「안다」에 중점) 이 책을 읽으면 알 수 있다.

冬になると雪が降ります。　겨울이 되면 눈이 내립니다.

2.「~ば(필연)」

가정의 요소가 강하며 그 가정하에 항상 그렇게 된다는 필연성을 가지고 있다. 속담 등에 잘 어우리는 것도 그 때문이다. 필연적인 전개. 형용사나 무의지 동사의 가정형에 한해서 뒤의 문장에 지시, 명령 등이 온다. 앞의 조건에 중점이 놓이며 속담 등에도 자주 쓴다.

この本を読めばわかる。(읽는 행위에 중점) 이 책을 읽으면 알 수 있다.

3.「~たら(확정, 완료)」
조건의 완료된 시점부터 자유로운 전개가 가능하다. 즉 명령, 지시, 의지 등도 모두 모을 수 있다. 뒤의 문장은 자유롭게 전개가 가능하므로 지시, 명령에도 잘 어울린다.

空港に着いたらバスに乗ってください。 공항에 도착하면 버스를 타세요.

4.「~なら(한정, 제한)」
그 조건에 한해서라면 이라는 전제하에 뒤의 문장이 전개된다. 앞에 나온 조건으로 한정된 「~상태라면, ~해 주세요」 등에 사용된다. 목적을 먼저 제시 후 「(그러한 목적이라면), ~한다」의 의미가 된다.

カメラを買うなら秋葉原のほうが安いですよ。 카메라를 산다면 아키하바라 쪽이 쌉니다.

△ 부탁, 지시, 명령

　정중한 부탁을 하는 경우에는 상대의 의향을 존중한다. 「~なさい」뿐만 아니라 「~てください」에도 「~해 주세요. ~하세요」라는 지시의 성격이 있다. 명령형은 강한 지시 외에 신호, 규칙, 훈련용어 등으로도 많이 쓰인다.

1. 부탁

○ 読んでいただけませんか。読んでもらえませんか。　읽어 주실 수 없겠습니까.

○ 読んでくださいませんか。読んでくれませんか。　읽어 주시지 않겠습니까.

○ 読んでもらえる。　읽어 줄 수 있어?

○ 読んでくれない。　읽어 주지 않을래?

2. 지시

○ お読みください。読んでください。　읽어 주세요.

○ 読んでくれ。読んで。　읽어 줘!

○ 読みなさい。　읽어라. 읽으시오.

3. 부정 지시

○ 読まないでください。　읽지 마시오. 읽지 마세요.

○ 読まないで。　읽지 마세요. 읽지 마.

4. 명령

○ 読め。　읽어.

○ 読^よむな。 읽지 마!

5. 동사의 명령형 만드는 법

○ 5단동사　어미를 「え단」으로 함.

読^よむ→読^よめ。 書^かく→書^かけ。

○ 1단동사 「る」을 탈락시키고 「ろ 또는 よ」를 붙임.

起^おきる→起^おきよ。 食^たべる→食^たべよ。

○ 변격동사

する→しろ、せよ。 くる→来^こい。

○ 강한 금지를 표현하는 법 「(동사의 원형 ＋る)」

読^よむな。 食^たべるな。 するな。

MEMO

제8과
먹을 때의 표현

食べる。

8-1 何の料理　무슨 요리

■ 레스토랑에서 샘플 진열장을 보면서

A : 何の料理ですか。

B : 魚の料理です。

「何の料理」는 「무슨 요리」라는 의미이다. 여기에서 「何の」는 「어떤 재료로 만들었는가?」라는 의미를 내포하고 있다.

8-2 何ですか。　무엇입니까?

■ 레스토랑에서 어떤 조미료인지 물을 때

A : これは何ですか。

B : 醤油です。

「これ」는 「이것」이라는 의미이다. 「は」는 화제를 제시할 때 사용한다. 「何で
すか」는 어떠한 것인지를 묻는 표현이다.

8-3   お願いします。 부탁합니다.

■ 메뉴판의 요리 명을 가리키며 주문할 때

A : これ、お願いします。

메뉴판의 요리 명을 가리키며 「これ、お願いします」라고 말하면서 부탁한다.
원하는 음식 명을 알고 있을 때에는, 예를 들면 「水、お願いします」(물, 부탁합
니다)와 같이 말한다.

8-4   お願いします。 부탁합니다.

■ 계산대에서 요금을 지불할 때

A : お願いします。

계산대에서 돈을 지불할 때에도 「お願いします」라고 말한다. 역시 특유의 일
본문화를 느낄 수 있는 대목이다. 레스토랑에서 나올 때 카운터로 계산서를 가
지고 가서 지불한다. 가게에 따라 요금에 소비세나 음식세가 가산되어질 수도

있다. 또 학생식당이나 서서 먹는 국수집 등과 같은 저렴한 가게에서는 먼저 먹기 전에 식권을 자동판매기에서 구입해서 카운터에 건네고 기다린다.

8-5 お願いします。 부탁합니다.

■ 저녁 식사를 대접 받았을 때

奥さん : お代わりいかがですか。

A : お願いします。

초대를 받아가서 만약 음식을 더 먹고 싶으면 「お願いします」라고 하면 된다. 이제 그만 먹고 싶은 때에는 「いいえ、もう一杯です。」(이제 충분합니다)라고 말한다. 「おかわり」는 같은 음식을 다시 더 먹고 싶다는 것을 의미하는 것이다. 「いかがですか」는 타인에게 무엇인 가를 권할 때 사용한다. 「どうですか」도 음식이나 음료수를 권할 때 사용한다. 「いかがですか」쪽이 더 정중한 표현이다.

8-6 ちょっと。 좀….

■ 술자리에서 술을 거절해야 하는 경우

A : お酒、どうですか。

B : お酒はちょっと。

술자리에서 술을 거절하고 싶을 때는 「ちょっと」라고 답한다. 「ちょっと」는 간접적으로 그것에 대해 거절하고자 할 때의 표현이다. 직접적으로 거절하고 싶을 때는 「飲めません(마실 수 없습니다)」이나, 「だめです(안 됩니다, 안 합니다)」라고 말하면 된다. 정도, 기호, 상태를 물을 때에는 「どうですか」라고 말한다.

8-7 おいしいです。 맛있습니다.

■ 된장국의 맛을 보면서

A : 味はどうですか。

B : おいしいです。

「おいしいです」는 「맛이 좋습니다」라는 의미이다. 미각을 나타내는 형용사는 「からいです」(맵습니다), 「あまいです」(달콤합니다) 등이 있다. 「おいしいです」의 반대는 「まずいです」(맛이 없습니다)인데, 일본인은 이렇게 직접적으로는 잘 표현하지 않는다. 「これはちょっと」라는 표현으로 자신의 입에 잘 맞지 않다는 것을 간접적으로 나타낼 뿐이다.

보충 단어

朝ご飯	아침 밥(식사)
昼ごはん	점식 밥(식사)
晩ごはん	저녁 식사
ご飯	밥
おかず	반찬
弁当	도시락
おやつ	오후 간식(3시에 먹음)
間食	간식
夜食	야식
食べ物	음식물
出前	배달
お持ち帰り	포장, 테이크 아웃
和食(わしょく)	일식 요리
洋食	양식 요리
中華	중화 요리
醤油	간장

酢	식초
味噌	된장
胡麻油	참기름
大蒜	마늘
玉葱	양파
葱	파
もやし	콩나물(숙주나물)
辛子	겨자
胡椒	후추
山葵(わさび)	산규, 와사비
生姜	생강
ゆび	손가락
爪	손톱, 발톱
指輪	반지
尻	엉덩이
膝	무릎
脹ら脛	장딴지
太股	넓적다리

踵（かかと）	발뒤꿈치
胃（い）	위
心臓（しんぞう）	심장
肝臓（かんぞう）	간장
肺（はい）	폐, 허파
消化器官（しょうかきかん）	소화기관
呼吸（こきゅう）	호흡
腸（ちょう）	장
骨（ほね）	뼈
血（ち）	피
息（いき）	숨
毛（け）	털
皮膚（ひふ）	피부
肌（はだ）	피부, 살갗
筋肉（きんにく）	근육
力（ちから）	힘
神経（しんけい）	신경

<ruby>細胞<rt>さいぼう</rt></ruby>	세포
<ruby>血液<rt>けつえき</rt></ruby>	혈액
<ruby>関節<rt>かんせつ</rt></ruby>	관절
<ruby>精神<rt>せいしん</rt></ruby>	정신
<ruby>感情<rt>かんじょう</rt></ruby>	감정
<ruby>良心<rt>りょうしん</rt></ruby>	양심
<ruby>健康<rt>けんこう</rt></ruby>	건강
<ruby>身長<rt>しんちょう</rt></ruby>	신장, 키
<ruby>体重<rt>たいじゅう</rt></ruby>	체중
<ruby>視力<rt>しりょく</rt></ruby>	시력
<ruby>涙<rt>なみだ</rt></ruby>	눈물
<ruby>汗<rt>あせ</rt></ruby>	땀
<ruby>熱<rt>ねつ</rt></ruby>	열
<ruby>鼻水<rt>はなみず</rt></ruby>	콧물
<ruby>痰<rt>たん</rt></ruby>	담, 가래
<ruby>唾<rt>つば</rt></ruby>	침

甘い	달다
辛い	맵다
塩辛い	짜다
すっぱい	시다
にがい	쓰다
渋い	떫다
冷たい	차다
まずい	맛없다. 잘못하다.
おいしい	맛있다
うまい	맛있다. 능숙하다.
薄い	엷다. 얇다.
濃い	짙다. 진하다.
多い	많다.
少ない	적다.
熱い	뜨겁다. 덥다.
温い	미지근하다.
大きい	크다 ↔ 小さい 작다
重い	무겁다 ↔ 軽い 가볍다
広い	넓다 ↔ 狭い 좁다

新^{あたら}しい	새롭다↔古^{ふる}い	오래되다

新しい 　새롭다↔古い 　오래되다
高い 　높다↔低い 　낮다
高い 　비싸다↔安い 　싸다
いい(良い) 　좋다↔悪い 나쁘다
遠い 　멀다↔近い 　가깝다
速い 　빠르다↔遅い 　늦다
早い 　이르다↔遅い 　늦다
長い 　길다↔短い 　짧다
多い 　많다↔少ない 　적다
太い 　굵다↔細い 　가늘다
優しい 　상냥하다↔厳しい 엄격하다
強い 　강하다↔弱い 　약하다
面白い 　재미있다↔つまらない 재미없다. 시시하다.
おいしい 　맛있다↔まずい 　맛없다
暑い 　덥다↔寒い 　춥다
暖かい 　따뜻하다↔涼しい 　시원하다
熱い 　뜨겁다↔冷たい 　차갑다

難しい	어렵다↔易しい 쉽다
明るい	밝다↔暗い 어둡다
焼く	굽다
漬ける	절이다.
ゆでる	삶다
炒める	볶다
揚げる	튀기다.
上げる	올리다(타동사)
下げる	내리다
上がる	올라가다(자동사)
下がる	내려가다
上る	오르다
笑う	웃다
泣く	울다
遅れる	늦어지다. 늦다.
叱る	야단치다
誉める	칭찬하다

住(す)む	살다. 거주하다.
引(ひ)っ越(こ)す	이사하다
移(うつ)る	옮기다. 이동하다.
通(とお)る	통과하다
わたる	건너다
愛(あい)する	사랑하다
嫌(きら)う	싫어하다
別(わか)れる	헤어지다
出会(であ)う	(우연히)만나다
投(な)げる	던지다
受(う)ける	받다
打(う)つ	치다
盗(ぬす)む	훔치다
蹴(け)る	차다
運(はこ)ぶ	옮기다
増(ふ)える	늘어나다. 증가하다.
減(へ)る	줄어들다. 감소하다.

回る	돌다
並ぶ	늘어서다. 줄서다.
寝る	자다
眠る	잠들다
夢をみる	꿈꾸다
醒める	깨다
入れる	넣다
出す	내다
貸す	빌려주다
借りる	빌리다
返す	갚다. 반환하다.
作る	만들다
組み立てる	조립하다
たてる	세우다. 짓다.
立つ	서다
出来る	할 수 있다. 완성되다.
丸焼きにした~	통째로 구운~

オーブンで焼いた~	오븐으로 익힌~
網焼きにした~	석쇠로 구운~
蒸気にした~	수증기로 찐~
細切れにした~	잘게 썬~
のりで巻いた~	김으로 말은~
お湯をとおした~	더운 물에 데친~
きれいに盛った~	예쁘게 담은~
目玉焼き~	노란 자위를 깨트리지 않는 계란 프라이~

활용 문형

お腹が空きました。	배가 고픕니다.
おいしそうですね。	맛있어 보이는군요.
いただきます。	잘 먹겠습니다.
もう少しいかがですか。	조금 더 드세요. 조금 더 어떻습니까.
お腹が一杯です。	배가 부릅니다.
お肉が好きですか。	고기를 좋아합니까.
デザートは何にしますか。	디저트는 무엇으로 하겠습니까.
飲み物は何にしますか。	음료수는 무엇으로 하겠습니까.
メニューを見せてください。	메뉴를 보여 주십시오.
何になさいますか。	무엇으로 하시겠습니까.
何を召し上がりますか。	무엇을 드시겠습니까.
ご注文はお決まりですか。	주문은 결정하셨습니까.
お勘定をお願いします。	계산을 (할 터니) 부탁합니다.
わたしが奢ります。	제가 한턱 내겠습니다.
割り勘にしましょう。	각자 부담하시지요.

コーヒーと紅茶がございますが、どちらになさいますか。

커피와 홍차가 있습니다만, 어느 쪽으로 하시겠습니까.

コーヒーのお代わりはいかがでしょうか。　커피를 더 드시겠습니까.

パンをもう少しいかがでございますか。　빵을 좀 더 드시겠습니까.

ビールをください。　　　　　　맥주를 주세요.

ビールをお願いします。　　　　맥주를 부탁합니다.

ご迷惑をおかけいたしまして申し訳ございません。

불편을 끼쳐 드려서 죄송합니다.

少々時間がかかりますが、しばらくお待ちいただけませんでしょうか。

다소 시간이 걸릴 것 같습니다만, 잠시 기다려 주시지 않겠습니까.

本日のお勧めでございます。　오늘 저희들이 권해 드리는 메뉴입니다.

ご用(よう)がありましたらお呼びください。

용무가 있으시면 불러 주십시오.

お待たせ致しました。　　　　많이 기다리셨습니다. 많이 기다리게 해서
　　　　　　　　　　　　　　　　　　죄송합니다.

たいへんお待たせして申し訳ございません。

많이 기다리게 해서 죄송합니다.

どうぞ、ごゆっくり召し上がってください。　그럼, 천천히 드십시오.

何か、外にはございませんか。　다른 주문은 없으십니까.

お預りいたします。　　　　　요금을 잘 받았습니다.

お下げしてもよろしいでしょうか。　치워도 좋습니까.

こちらのミスでございます。　저희들의 불찰입니다.

またお越しください。　　　　또 오십시오.

現金でお支払いになりますか。　현금으로 지불하시겠습니까.

ご利用いただきましてありがとうございました。

이용해 주셔서 감사합니다.

ただいまお席がございませんが。지금 자리가 없습니다만.

しばらくお待ちになってくださいますか。　잠시 기다려 주시겠습니까.

お荷物はこちらにお置きください。　짐을 이쪽에 놓아주십시오.

すぐにお持ちいたします。　　곧 가져오겠습니다.

もう少ししてからまいりましょうか。　조금 있다가 나중에 올까요?

こちらをお召し上がりになるのがよろしいかと存じます。

이쪽 것을 드시는 것이 좋다고 생각합니다.

新宿から羽田空港へはどうやって行けばいいんですか。

신주쿠로부터 하네다 공항에는 어떻게 해서 가면 좋습니까.

タクシーで行くことにします。택시로 가기로 했습니다.

この前はせっかく誘ってもらったのに、すみませんでした。

이 전에는 모처럼 불러 주었는데도 죄송합니다.

一生懸命練習したのに、上手にならない。

열심히 연습하였는데도 잘 되지를 않는다.

これからも田中さんのご活躍を楽しみにしています。

이제부터도 다나카 씨의 활약을 기대하고 있습니다.(즐거운 마음으로 기다리고 있습니다)

田中さんに聞いてみたらどうですか。

다나카 씨에게 물어보면 어떻습니까.

読めそうにありません。　　읽을 수 있을 것 같지 않습니다.

走れば間に合いそうです。　달려가면 시간에 맞출 것 같습니다.

ちょうど今始まるところです。　마침 지금 막 시작하려는 참입니다.

忙しくなければ行きます。　바쁘지 않으면 가겠습니다.

日本にいるうちにいろいろな経験をしてみたらどうですか。

일본에 있는 동안 여러 경험을 해 본다면 어떻습니까.

ぜひ委員をやってもらいたいの。　꼭 위원을 해 주었으면 해.

それは無理だよ。　　　　　그건 무리야.

計画を立てるのがうまいとみんな言っているのよ。

계획을 잘 세운다고 모두들 말하고 있어.

実は最近体の調子が悪いんだ。　사실은 요즘 몸 상태가 좋지 않아.

あら、お医者さんの診断書ね。　어, 의사의 진단서네.

うん、きっと頼まれると思って、きのうもらってきたんだ。

응, 꼭 부탁을 받을 것 같아 어제 받아 왔어.

あの人は歌を歌うのが上手です。　저 사람은 노래를 잘 부릅니다.

私は字を書くのが下手で、困ります。

나는 글자를 쓰는 것이 서툴러서 곤란합니다.

今井です。予約の変更をお願いしたいんですが。

이마이입니다. 예약 변경을 부탁합니다.

今井さまは、土曜日の六時に五名様となっておりますが。

이마이 님은 토요일 6시에 다섯 분이라고 되어 있습니다만.

七時に変更できますか。　　7시로 변경할 수 있습니까.

あいにく七時はいっぱいでございます。

공교롭게도 7시는 모두 예약이 되어 있습니다.

八時からならお席がございますが。　8시부터라면 자리가 있습니다만.

八時に次の予約はありますので、その前に終わっていただきます。

8시에 다음 예약이 있기 때문에 그 전에 끝이 났으면 합니다.

けっこうです。急いで食べるようにみんなに言います。

좋습니다. 서둘러 먹도록 모두에게 말하겠습니다.

ガラスが割れてもいいですか。　유리창이 깨져도 좋습니까.

お金を払いなさいと言いました。　돈을 지불하라고 말했습니다.

お金を払うように言いました。　돈을 지불하도록 말했습니다.

おくれないでくださいと言いました。　늦지 말아주세요라고 말했습니다.

おくれないように言いました。 늦지 않도록 말했습니다.

急に歯がいたくなったんで、学校に行く前に歯医者に寄りたいんです。

갑자기 치아가 아파져서 학교에 가기 전에 치과에 들렀으면 합니다.

引っ越ししたばかりでしょう。　막 이사를 했지요.

会議が始まったばかりです。　막 회의가 시작되었습니다.

お金を貸してくださいませんか。　돈을 빌려 주시지 않겠습니까.

暇ならちょっと手伝ってください。　시간이 나면 잠깐 도와주세요.

大人なら大人らしくしなさい。　어른이라면 어른답게 하세요.

忙しかったら来なくてもいいですよ。　바쁘면 오지 않아도 괜찮아요.

三日のうちに何とかしなければなりません。

3일 내로 뭔가 하지 않으면 안 됩니다.

事故の後、動けないようになりました。

사고 후 움직일 수 있게 되었습니다.

この件については、次のようにしてください。

이 건에 대해서는 다음과 같이 해 주세요.

私も先生を見習うようにします。　저도 선생님을 본받도록 하겠습니다.

風邪を引かないように気をつけてください。

감기에 걸리지 않도록 주의하세요.

仕事のあと、お酒一杯どうですか。　일 끝난 후, 술 한잔 어떻습니까.

最近話題(わだい)になっているドラマ、見ましたか。

요즘 화제가 되고 있는 드라마 보았습니까.

晩ご飯を食べに行きませんか。　저녁 먹으러 가지 않겠습니까.

金さんに一時間も待たされました。

김 씨에 의해 1시간이나 기다리게 되었습니다.

先輩に無理にお酒を飲まされました。

선배에 의해 억지로 술을 먹게 되었습니다.

運転免許を取るのに五年もかかりました。

운전면허를 따는 데 5년이나 걸렸습니다.

金さんは毎日遅くまで残業させられているらしいです。

김 씨는 매일 늦게 까지 잔업을 해야 하는 것 같습니다.

風邪がなかなか治らなくて毎日病院へ行っていました。

감기가 좀처럼 낫지 않아서 매일 병원에 가고 있었습니다.

それは大変でしたね。　　　그것은 큰일이군요.

顔色が悪いですね。どうかしましたか。

얼굴색이 안 좋군요. 어떻게 되었습니까. (무슨 일이 있었습니까)

弟をお使いに行かせました。동생을 심부름으로 가게 했습니다.

日本語を習いたがっていました。 일본어를 배우고 싶어하고 있었습니다.

とりあえず返事を出してください。 우선 답을 내어 주세요.

ここまで来ればもう頑張ってやるしかほかに方法がありませんね。

여기까지 오면 이제 노력하는 수밖에 다른 방법이 없군요.

思ったとおりですね。　　　　생각한 대로 군요.

子供というものは何でも知りたがりますね。

어린이라는 것은 무엇이라도 알고 싶어 하는군요.

木村さんには私が知らせします。 기무라 씨에게는 내가 알리겠습니다.

会社には何時にお見えになりますか。

회사에는 몇 시에 나타나시는 것입니까.(오십니까)

こちらから改めてお電話いたします。 이쪽에서 다시 전화를 드리겠습니다.

せっかくの好意が無駄になりました。

모처럼의 호의가 쓸모없게 되었습니다.

入れ物はどれにしましょうか。 용기는 어느 것으로 할까요.

それを配ってくださいませんか。

그것을 배포해 주시지(나눠 주지) 않겠습니까.

しばらくここでお待ちくださいませんか。

여기서 잠시 기다려 주시지 않겠습니까.

おそれいりますが、こちらでお待ちくださいませんか。

송구스럽습니다만, 이쪽에서 기다려 주시지 않겠습니까.

●●● 알아 두어야 할 일본문화 ●●●

◆ 食事のマナー   식사 예법

　식사 예의범절은 그 나라 문화, 관습에 따라 다르다. 일본에서는 숟가락이 기본적으로는 없고 젓가락을 이용하는 문화이다. 따라서 그에 따른 음식문화에 유의할 필요가 있다.

　○ 남이 젓가락으로 들어 올린 음식을 자신의 젓가락으로 그것을 직접 받아서는 안 된다.

　○ 남의 젓가락과 자신의 젓가락이 동시에 같은 음식을 집어서는 안 된다. 왜냐하면 이것은 화장터에서 화장된 인골을 집어 올릴 때의 방식이기 때문에 사람들이 몹시 꺼리는 방법이다.

　○ 젓가락을 밥 위에 꽂아서는 안 된다. 이것은 돌아가신 조상에 대해 음식 공양할 때의 방식이므로 일반적으로 바람직한 것이 못된다.

　○ 입에서 뱉어 낸 생선이나 발라낸 고기 뼈 등을 테이블 위에 두어서는 안 된다. 반드시 빈 접시 위에 두도록 해야 한다.

　○ 밥그릇이나 국그릇은 들고 먹도록 해야 한다. 밥그릇이나 국그릇을 들고서 먹지 않고, 얼굴을 테이블에 가까이 대고 먹는 것은 「犬食い(동물이 먹는 방식)」의 방식이라 하여 실례가 된다.

ㅇ 일본에서는 양식 등을 먹을 때를 제외하고, 보통 평상시에는 숟가락을 사용하는 법이 없다. 젓가락은 오른쪽에 세로로 놓지 않고 사람 바로 앞에 가로로 놓는다. 만일 먹을 때 그릇, 접시를 들고 먹지 않게 되면 음식이 흐르기 때문에 그러한 것을 방지하기 위해서 일본에서는 식사할 때 꼭 그릇과 앞 접시를 들고 먹는다.

ㅇ 일본에서 같은 접시에 있는 반찬을 먹을 때는 먹던 젓가락을 다시 그대로 쓰면 안 된다. 예의에 어긋난다. 젓가락을 180도로 돌려서 입에 넣지 않았던 쪽으로 해서 반찬은 자기 앞 접시 쪽으로 가져와서는 그 접시를 일단 식탁에 놓고 젓가락을 다시 180도로 되돌린 다음에 먹어야 한다. 자기 침이 묻은 것이 그 반찬 쪽으로 가게 하면 안 된다. 음식은 함께 먹는 것이기 때문에 실례가 된다.

◆ 일본의 술 문화

일본에서는 상대방의 술잔이 조금이라도 비어 있으면 술을 따라 잔을 채우는 문화이다. 이른바 첨잔이 예의인 것이다. 그래서 일본인과 술자리를 같이 할 때는 상대방의 술잔에 신경을 쓰지 않으면 결례를 하기 쉽다. 따라준 술을 마시는 것이 예의라고 생각하는 한국인들은 일본인들이 계속 따라주는 대로 술을 마시다보니 과음을 하기 쉽상이다. 또한 한국인처럼 자신의 술잔을 상대방에게 돌리는 일은 삼가해야 한다. 일본인은 직장 동료나 친구들과의 술자리에서 술잔을 돌리거나 독한 술을 강요하는 일은 절대로 있을 수 없다. 각기 자기가 좋아하는 술을 자기 주량대로 마시기 때문에 한 테이블에 여러 종류의 술을 놓고 마시는 모습도 쉽게 찾아볼 수 있다. 일본에서는 먼저 맥주부터 시작해서 독한 술의 순서로 마신다.

◆ 手軽な食べ物　간편하고 편리하게 먹을 수 있는 음식

○ カップラーメン(컵 라면)

컵에 따뜻한 물을 넣고 몇 분 후에 먹는다.

○ 弁当(도시락)

일본에는 여러 종류의 도시락을 파는 전문 상점이 있다. 그 외 슈퍼나 편의점
등에서도 초밥 도시락이나 여러 가지 반찬이 들어있는 도시락을 팔고 있다.

○ おにぎり(주먹밥)

도시락 전문점, 슈퍼, 편의점 등에서 팔고 있다. 밥을 뭉친 것으로 안에 「うめ
ぼし(매실장아찌)」, 연어, 다시마 등의 반찬이 들어 있고, 겉에는 김으로 싸여져
있다.

○ 立食いそば(서서 먹는 국수)

역 구내나 길모퉁이에 카운터 형식으로 서서 먹는 가게가 있다. 대개 식권을
먼저 사서 먹는 가게가 많다. 메밀국수나 우동, 카레, 야키소바(삶은 국수를 기름
에 볶은 요리) 등 간단하게 사서 먹을 수 있는 메뉴가 많다.

◆ 국물맛 내는 재료(だしの材料)

○ 가다랭이 포

고등어과에 속하는 물고기인 가다랭이(かつお)를 찐 다음에 건조시킨 것. 최
근에는 팩으로 포장된 것도 많다. 잘게 썬 것은 두부나 야채 위에 얹어서 그대
로 먹기도 한다.

3. 목적어가 소유물인 경우 : 이 경우 또한 신체의 일부와 같이 원래 소유한 사람이 수동문의 주어로 등장한다. 단 사물이 목적이 되는 문장에서의 수동은 우리말로 해석이 어색해지는 경우가 많으므로 능동으로 해석하면 편리한 경우가 있다.

アメリカ大陸はコロンバスによって発見されました。 미국 대륙은 콜럼버스에 의해 발견되었습니다.

この絵本は小熊社から出版されました。 이 그림책은 고구마사로부터 출판되었습니다.

△ 간접 수동

능동문에서 행위를 받는 대상이 명확하지 않는 동사, 즉 자동사와 같은 경우의 수동은 간접 수동이라 하며, 피해의식을 나타낸다. 수동으로 해석이 어색한 경우에는 행위의 주체를 찾아 주어로 놓고 능동으로 의역한다. 대부분의 주체는 조사 「~に」 앞에 위치하며, 경우에 따라 「~によって、~から」 앞에 위치하기도 한다.

ㅇ 子供が泣いた。(단순한 서술)→子供が泣いてくれた。(고마운 감정. 상대가 「~을 해서 나는 고맙다」). (私は)子供に泣かれた。(짜증나는 감정, 상대가 「~을 해서 내가 피해 입다」).

▲ 子供に泣かれる(아이가 운다). 父に死なれる(아버지를 여의다). 泥棒に入られる(도둑이 들다). 雨に降られる(비를 맞다). 財布をすられる(지갑을 소매치기 당하다). 有能な社員にやめられる(유능한 사원이 그만두다).

人に笑われる(사람들이 비웃다). 金さんに来られる(김 씨가 왔다). 先生に怒られる(선생님에게 혼나다). 人に見られる(사람들이 보다)

△ 사역의 표현

조동사「~せる、させる」를 활용해「~을 시키다. ~하게 하다. ~하게 만들다」 등의 사역 문장을 만들 수 있다. 사역동사는「(사역형) てください、(사역형) ていただく」의 형태로 경어체로도 응용된다. 수동의 조동사「~られる」와 연결되어 사역 수동의 표현이 된다.

1. 5단동사
「あ단 +せる」   어미가「あ단」으로 되고「せる」가 붙는다.
10月17日、18日は休ませていただきます. 10월 17일, 18일은 쉬겠습니다.

2. 1단동사
「る(×) +させる」 어미 탈락 후「させる」가 붙는다.
毎日、子供に野菜を食べさせます. 매일 어린이에게 채소를 먹게 합니다.

3. 변격동사

する→させる. くる→来させる.

一人で教室の掃除をさせられました. 혼자서 교실 청소를 하게 되었습니다.

(어쩔수 없이)

▲ 사역 수동

사역 수동은 주로 행위의 원인이 되어 지시, 강제, 명령에 의한 것임을 표현한다. 사역 수동은 대부분 자신의 피해를 간접적으로 표현하게 되는 간접 수동문이 된다. (피해의식의 수동)

読む→読ませられる． 食べる→食べさせられる． する→させる．

来る→来させる．

△ 존경어

경어체는 상대방을 높이는 존경어, 나의 행동을 낮추는 겸양어, 공손한 말씨의 정중어로 나눌 수 있다. 존경어에는 일정한 형태를 취하는 존경어 공식과 그 자체에 존경의 의미를 포함한 존경 단어가 있다.

1. 동사문을 존경어로 바꾸는 방법
○「お ＋(ます형)になる.」
読む : 先生がお読みになる． 선생님이 읽으신다.

「ご ＋(동작명사)になる. 」
先生がご参加になる． 선생님이 참가하신다.

これから鈴木先生が生命科学についてお話しになります．

이제부터 스즈키 선생님이 생명과학에 대해 말씀하십니다.
○ 수동형 모양「~(ら)れる」를 쓴다.

読む：先生が読まれる。先生が参加される。　선생님이 참가하신다.

2. 명사 등에 접두어 「お、ご」를 붙여 존경어를 만들 수 있다. 「ご」는 한자어 명사(漢語)에 주로 사용된다.

お名前 성함.　お体 옥체, 몸.　ご成功　성공.

3. 명사 등에 접미어 「~さん、~様、~殿」

4. 지시
경어체의 표현으로 「お +(ます형)ください」가 있다.

読んでください。→お読みください。　읽어 주세요.
どうぞ、お座りください。　부디 앉으세요.

5. 단어 자체에 존재의 의미가 포함된 존경어휘가 있다.

いらっしゃる(계시다), おっしゃる(말씀하시다)
社長は会議室にいらっしゃいます。　사장님은 회의실에 계십니다.

△ 겸양어, 정중어

　나를 낮추어 상대를 높이는 겸양어의 주체는 반드시 나, 우리 등이 되어야 한다. 대부분의 동사에 적용 가능한 겸양어 패턴과 그 자체에 겸양의 의미를 포함한 겸양 어휘가 있다. 겸양 표현은 「お+ます형+する」의 틀에 적용시켜 나타낼 수 있다. 「~ます、~です」처럼 대화하는 상대에게 사용하는 정중한 말씨를 정중어라고 한다.

1. 겸양어

○ 동사, 형용사 등의 주체가 나, 우리이어야만 한다.

私は金と申します。   나는 김이라고 합니다.

○ 겸양 표현의 패턴으로는 「お+ます형+する」가 있다.

読む→お読み+する

では、お読みします。   그럼 읽겠습니다.

皆様のご意見をお待ちしております。   여러분의 의견을 기다리겠습니다.

○ 사역형과 조합시켜 겸손한 표현을 만들 수 있다.

·「사역형+てもらう(=ていただく)」 (지시, 명령, 허락을 받아서) ~한다.

休ませていただきます。   쉬겠습니다.

先生の本は読ませていただきました。   선생님의 책을 읽겠습니다.

·「사역형+てもらうたい(=ていただきたい)」 (지시, 명령, 허락을 받아서) ~하고
싶다.

休ませていただきたい。 쉬고 싶다.

·「사역형+てください」 (지시, 명령, 허락을)해 주세요. =하고 싶습니다.

読ませてください。 읽게 해 주세요.(읽고 싶습니다)

2. 정중어

「~です、~ます」는 듣는 사람에 대한 정중한 말씨이다. 그 외「ある→ござる、いい→よろしい」 등이 정중어이다.

　その写真、ちょっと拝見してもよろしいでしょうか。 그 사진 잠깐 봐도 좋겠습니까.

MEMO

■■■ 부록 편 ■■■

1. 기본 숫자

0	零	ゼロ れい、ぜろ
1	一	いち
2	二	に
3	三	さん
4	四	し、よん
5	五	ご
6	六	ろく
7	七	しち、なな
8	八	はち
9	九	く、きゅう
10	十	じゅう
11	十一	じゅういち
12	十二	じゅうに
13	十三	じゅうさん
14	十四	じゅうし、じゅうよん
15	十五	じゅうご
16	十六	じゅうろく
17	十七	じゅうしち、じゅうなな
18	十八	じゅうはち
19	十九	じゅうく、じゅうきゅう
20	二十	にじゅう
30	三十	さんじゅう
40	四十	よんじゅう
50	五十	ごじゅう
60	六十	ろくじゅう
70	七十	ななじゅう
80	八十	はちじゅう
90	九十	きゅうじゅう
100	百	ひゃく

200	二百	にひゃく
300	三百	さんびゃく
400	四百	よんひゃく
500	五百	ごひゃく
600	六百	ろっぴゃく
700	七百	ななひゃく
800	八百	はっぴゃく
900	九百	きゅうひゃく

1,000	千	せん
2,000	二千	にせん
3,000	三千	さんぜん
4,000	四千	よんせん
5,000	五千	ごせん
6,000	六千	ろくせん
7,000	七千	ななせん
8,000	八千	はっせん
9,000	九千	きゅうせん

10,000	一万	いちまん
100,000	十万	じゅうまん
1,000,000	百万	ひゃくまん
10,000,000	一千万	いっせんまん
100,000,000	一億	いちおく
1,000,000,000	十億	じゅうおく

2. 각종 물건, 숫자 읽는 법

(1) 화폐

기본 숫자 + 円(일본 화폐)

(2) 사람

| 一人 | ひとり |
| 二人 | ふたり |

三人	さんにん
四人	よにん
五人	ごにん
六人	ろくにん
七人	しちにん
八人	はちにん
九人	きゅうにん、くにん
十人	じゅうにん
何人	なんにん

(3) 일반 물건, 연령

1	ひとつ
2	ふたつ
3	みっつ
4	よっつ
5	いつつ
6	むっつ
7	ななつ
8	やっつ
9	ここのつ
10	とお
?	いくつ

(4) 연령

一歳	いっさい
二歳	にさい
三歳	さんさい
四歳	よんさい
五歳	ごさい
六歳	ろくさい
七歳	ななさい
八歳	はっさい
九歳	きゅうさい
十歳	じっさい

何歳　　　なんさい

(5) 두꺼운 물건(책, 잡지 등)

一冊	いっさつ
二冊	にさつ
三冊	さんさつ
四冊	よんさつ
五冊	ごさつ
六冊	ろくさつ
七冊	ななさつ
八冊	はっさつ
九冊	きゅうさつ
十冊	じっさつ
何冊	なんさつ

(6) 작은 물건(과일, 계란 등)

一個	いっこ
二個	にこ
三個	さんこ
四個	よんこ
五個	ごこ
六個	ろっこ
七個	ななこ
八個	はっこ、はちこ
九個	きゅうこ
十個	じっこ
何個	なんこ

(7) 가늘고 긴 물건(우산, 연필, 꽃 등)

一本	いっぽん
二本	にほん
三本	さんぼん
四本	よんほん
五本	ごほん
六本	ろっぽん

七本　　ななほん
八本　　はっぽん、はちほん
九本　　きゅうほん
十本　　じっぽん
何本　　なんぼん

(8) 층수
一階　　いっかい
二階　　にかい
三階　　さんがい
四階　　よんかい
五階　　ごかい
六階　　ろっかい
七階　　ななかい
八階　　はっかい、はちかい
九階　　きゅうかい
十階　　じっかい
何階　　なんかい

(9) 횟수
一回　　いっかい
二回　　にかい
三回　　さんかい
四回　　よんかい
五回　　ごかい
六回　　ろっかい
七回　　ななかい
八回　　はっかい、はちかい
九回　　きゅうかい
十回　　じっかい
何回　　なんかい

(10) 밥그릇, 컵에 담겨진 음식 및 음료
一杯　　いっぱい
二杯　　にはい

三杯	さんばい
四杯	よんはい
五杯	ごはい
六杯	ろっぱい
七杯	ななはい
八杯	はっぱい、はちはい
九杯	きゅうはい
十杯	じっぱい
何杯	なんばい

⑾ 작은 동물(고양이, 개)

一匹	いっぴき
二匹	にひき
三匹	さんびき
四匹	よんひき
五匹	ごひき
六匹	ろっぴき
七匹	ななひき
八匹	はっぴき、はちひき
九匹	きゅうひき
十匹	じっぴき
何匹	なんびき

3. 시간

(1) 년, 해

기본 숫자+年(ねん)

(2) 월

一月	いちがつ
二月	にがつ
三月	さんがつ
四月	しがつ
五月	ごがつ

六月　　　ろくがつ
七月　　　しちがつ
八月　　　はちがつ
九月　　　くがつ
十月　　　じゅうがつ
十一月　　じゅういちがつ
十二月　　じゅうにがつ
何月　　　なんがつ

(3) 일
一日　　　ついたち
二日　　　ふつか
三日　　　みっか
四日　　　よっか
五日　　　いつか
六日　　　むいか
七日　　　なのか
八日　　　ようか
九日　　　ここのか
十日　　　とおか

十四日　　　じゅうよっか
十七日　　　じゅうしちにち
十九日　　　じゅうくにち
二十日　　　はつか
二十四日　　にじゅうよっか
二十七日　　にじゅうしちにち
二十九日　　にじゅうくにち
何日　　　　なんにち

(4) 요일
日曜日　　　にちようび
月曜日　　　げつようび
火曜日　　　かようび

水曜日	すいようび
木曜日	もくようび
金曜日	きんようび
土曜日	どようび
何曜日	なんようび

(5) 시

1時	いちじ
2時	にじ
3時	さんじ
4時	よじ
5時	ごじ
6時	ろくじ
7時	しちじ
8時	はちじ
9時	くじ
10時	じゅうじ
11時	じゅういちじ
12時	じゅうにじ
午前	ごぜん
午後	ごご
何時	なんじ

(6) 분

一分	いっぷん
二分	にふん
三分	さんぷん
四分	よんぷん
五分	ごふん
六分	ろっぷん
七分	ななふん
八分	はっぷん、はちふん
九分	きゅうふん
十分	じっぷん

何分　　　なんぷん

(7) 초
기본 숫자 + 秒(びょう)

(8) 개월
1개월　　いっかげつ
2개월　　にかげつ
3개월　　さんかげつ
4개월　　よんかげつ
5개월　　ごかげつ
6개월　　ろっかげつ
7개월　　ななかげつ
8개월　　はっかげつ、はちかげつ
9개월　　きゅうかげつ
10개월　　じっかげつ

(9) 주간
一週間　　いっしゅうかん
二週間　　にしゅうかん
三週間　　さんしゅうかん
四週間　　よんしゅうかん
五週間　　ごしゅうかん
六週間　　ろくしゅうかん
七週間　　ななしゅうかん
八週間　　はっしゅうかん
九週間　　きゅうしゅうかん
十週間　　じっしゅうかん
何週間　　なんしゅうかん

(10) 일수를 세는 표현
一日　　いちにち
二日　　ふつか
三日　　みっか
四日　　よっか

五日　　いつか
六日　　むいか
七日　　なのか
八日　　ようか
九日　　ここのか
十日　　とおか
何日　　なんにち

⑾ 하루의 표현
아침　　あさ
낮　　　ひる
저녁　　ゆうがた
밤　　　よる、ばん

⑿ 계절
봄　　　はる
여름　　なつ
가을　　あき
겨울　　ふゆ

⒀ 과거 · 현재 · 미래
일　어제　きのう　　　　오늘　きょう　　　　내일　あした
주　전주　せんしゅう　　금주　こんしゅう　　내주　らいしゅう
월　지난달　せんしゅう　이번 달 こんしゅう　다음 달 らいしゅう
년　작년　きょねん　　　올해　ことし　　　　내년　らいねん

---

4. 장소

(1) 위치
위　　　うえ
아래　　した
앞　　　まえ
뒤　　　うしろ
왼쪽　　ひだり
오른쪽　みぎ

안	なか
밖	そと

(2) 방위

동	ひがし
서	にし
남	みなみ
북	きた

5. 수량

반/절반	はんぶん
이분의 일	にぶんのいち
삼분의 일	さんぶんのいち
사분의 일	よんぶんのいち
한 묶음	ひとくみ
한 타스	いちダース

6. 도량 단위

(1) 길이

1㎞	いちキロ
1m	いちメートル
1㎝	いちセンチ

(2) 무게

1kg	いちキロ
1g	いちグラム

7. 날씨

맑음	はれ
흐림	くもり
비	あめ

눈　　　　ゆき
덥다　　　あつい
춥다　　　さむい
따뜻하다　あたたかい
시원하다　すずしい
차다　　　つめたい

8. 가족 구성원 및 호칭 방법

조부　　　　祖父、おじいさん

조모　　　　祖母、おばあさん

아버지　　　父、おとうさん

어머니　　　母、おかあさん

자식　　　　子供、お子さん

아들　　　　息子、むすこさん

딸　　　　　娘、むすめさん

남편　　　　主人、ごしゅじん

아내　　　　家内、奥さん

형, 오빠　　兄、おにいさん

누나, 언니　姉、おあねさん

남동생　　　弟、おとうとさん

여동생　　　妹、いもうとさん

형제　　　　兄弟、ごきょうだい

9. 공휴일

1月 1일　　元旦

1月 15일　　成人の日

2月 11日　　建国記念日

3月 20日　　または 21日 春分の日

4月 29日　　緑の日

5月 3日　　憲法記念日

5月 4日　　国民の休日

5月 5日　　子供の日

7月 20日　　海の日

9月 15日　　敬老の日

9月 23日　　または 24日 秋分の日

10月 10日　　体育の日

11月 3日　　文化の日

11月 23日　　勤労の日

12月 23日　　天皇誕生日

10. 속담

ねこに小判　　　　　고양이에게 金貨(돼지에게 진주라는 뜻)

ぬかに針　　　　　겨에 못 박기(보람 없는 일을 한다는 뜻)

花よりだんご　　　　꽃보다 경단(금강산도 식후경)

善は急げ　　　　　좋은 일은 서두르라.

馬の耳に念仏	말귀에 염불, 소귀에 경 읽기
七ころび八起き	일곱 번 넘어지고 여덟 번 일어난다(계속 노력하라는 뜻)
弘法にも筆の誤り	弘法에게도 글씨의 잘못이 있다(弘法大師는 空海라고도 하며 서도의 명인)
猿も木から落ちる	원숭이도 나무에서 떨어지는 수가 있다.
急がば廻れ	급하면 조급해 하지 말고 돌아가라(급하더라도 침착하라는 뜻)
のれんに腕おし	포장을 힘들여 민다(부질없는 일을 한다)
生き馬の目をぬく	멀쩡히 뜨고 있는 말의 눈을 뺀다(눈 감으면 코 베어 간다)
えびでたいをつる	새우로 도미를 낚는다(되로 주고 말로 받는다)
壁に耳あり	벽에도 귀가 있다(낮말은 새가 듣고, 밤말은 쥐가 듣는다)
石橋をたたいて渡(わた)る	돌다리도 두들겨보고 건넌다(매우 신중히 한다)
ちりも積れば山となる	먼지도 쌓이면 산이 된다(티끌 모아 태산)
短気はそん気	성급하면 손해 본다
井戸の中のかわず	우물 안의 개구리
泣きつらにハチ	우는 얼굴에 벌이 쏜다
大海も一滴から	큰 바다도 물 한 방울로부터 시작된다.
木によって魚を求む	나무에서 물고기를 구하려 한다.
かわいい子には旅をさせよ	귀여운 자식은 길을 떠나게 하라.
勝ってかぶとのおをしめよ	싸움터에서 이겼을 때 일수록 더욱 조심하여야 한다.
頭かくしてしりかくさず	머리는 감추고 꼬리는 감추지 않는다.
一寸の虫にも五分の魂	어떤 사람에게도 그에 알맞은 정신이 있다. 지렁이도 밟으면 꿈틀한다.
一をきいて十をしる	하나를 들어 열을 안다.

やぶからぼう	아닌 밤중에 홍두께.
三人よれば文殊知恵	셋이 모이면 문수보살 같은 지혜가 나올 수 있다
住めば都	살고 정들면 고향이다.
つりおとした魚は大きい	놓쳐버린 고기는 크게 여겨진다(남의 것도 모르는 주제에 알고자 하는 뜻)
のどから手が出る	목에서 손이 나온다(무척 탐낸다는 뜻)
目の上のこぶ	눈 위의 혹(눈 위의 가시)
つんぼの立ちぎき	귀머리가 엿듣는다(아무것도 모르는 주제에 알고자 한다)
雨だれ石をうがつ	낙수물이 돌에 구멍을 뚫는다(꾸준히 하면 안 되는 일이 없다)
飼犬に手を咬まる	키우는 자기 집 개에게 손을 물린다(믿는 도끼에 발 찍힌다)

11. 일본인의 姓

田中	田原	田村	山田(やまだ)	内田	岡田		
金田	北田	黒田	久保田	島田	杉田		
津田	戸田	原田	平田	深田	藤田		
古田	森田	安田(やすだ)	山田(やまだ)	柳田	吉田(よしだ)		
和田	福田	小川	中河	長谷川	早川		
芥川	石川	吉川	加藤	工藤	伊藤		
佐藤	斎藤	木村	今村	上村	山村	吉村	
野村	中村	下村	西村	今井	永井	酒井	新井
大山	小山	丸山	横山	徳山	平山	金山	松本
山本	橋本	若本	塚元	岡本	坂本	服部	木下
竹下	松下	山下	相沢	石沢	小沢	黒沢	宮沢

水谷（みずたに）　鈴木（すずき）　佐々木（ささき）　三島（みしま）　中島（なかじま）　樋口（ひぐち）　関口（せきぐち）　村上（むらかみ）

井上（いのうえ）　石原（いしはら）　上原（うえはら）　西原（にしはら）　落合（おちあい）　高橋（たかはし）　清水（しみず）　小林（こばやし）

菊池（きくち）　小野（おの）　林（はやし）　南（みなみ）　角（すみ）　柳（やなぎ）　松波（まつなみ）　山崎（やまざき）

岡（おか）　笛木（ふえき）　宗正（むねまさ）　金子（かねこ）　石井（いしい）　新村（にいむら）　阿部（あべ）　宮部（みやべ）

荒井（あらい）　土井（どい）　高木（たかき）　遠藤（えんどう）　近藤（こんどう）

참고문헌 ●●●

○ 内堀明·斎藤信浩 공저, 악센트 일본어 단어, 제이앤씨, 2003.8

○ 소현점, 혼자 배우는 기초 생활 일본어, 맑은창, 2007.10

○ 이덕봉 외 3인 공저, 체험 일본어 "ここは日本", 시사일본어사, 2006.3

○ 김옥영 외 2인 공저, 일본문화와 함께 하는 회화 여행, 제이앤씨, 2003.8

○ 최충희 외 2인 공저, 다락원 일본어 회화 기초, 다락원, 2002.3

○ 시사일본어 편집부, 新분카일본어, 시사일본어사, 2001.6

○ 후지이 아사리, 듣기만 해도 말이 나오는 일본어 무작정 따라하기, 이지톡, 2007.8

○ 일본어교양교재간행위원회 편, 일본어강의, 경남대학교 출판부, 2006.3

○ (財)일본어교육진흥협회 편, 혼자서 배우는 일본어, 1997.3

○ 정진우·박영순 공저, 국내 호텔·관광 일본어 회화, 종합출판, 2002

○ 김태호 외 2인 공저, 다락원 주니어 일본어1, 다락원, 2007.4

○ 김옥영, 니홍고야 놀자, 제이앤씨, 2001.3

○ 柴田文武, 배우기 쉬운 실용일본어회화, 학사원, 2001.3

○ 최충희 외 2인 공저, New 다락원 일본어 Step 1, 다락원, 2006.11

○ 김혜옥, 관광통역일본어, 정진출판사, 2003.1

○ 이길원 외 3인 공저, 일본어강의1, 동아대학교출판부, 2003.3

○ 水谷信子, 신일본어 리스닝 일본어 1, 다락원, 2005.1

○ 柴田文武, 배우기 쉬운 최신 뉴스일본어1, 학사원, 2001.10

○ 최광준·도쿠야스 사타코 공저, となりの日本, 제이앤씨, 2003.8

○ C&P일본어교육교재연구회 편, 중급 일본어 작문, 진명출판사, 2005.3

○ 오현정 외 4인 공저, 다락원 다이나믹 일본어 Step1, 다락원, 2006.1

○ 김옥영, 니혼고야 놀자 중급, 제이앤씨, 2001.2

저자 ▒▒▪

정 인 문

- 동아대학교 대학원 국어국문학과 박사과정 수료(문학박사)
- 일본 大東文化대학 대학원 문학연구과 박사후기과정 일본근대문학 전공 수료 (일본문학 박사)
- 일본 츠쿠바대학 대학원 인문사회과학연구과 박사후기과정(일본문학 박사, 논문박사)
- 문학평론가(「조선문학」신인상 평론 당선 데뷔)
- 한국문인협회회원
- 한국일본근대학회 회장 역임
- 경상남도 지방공무원 임용시험 문제출제위원
- 부산광역시 지방공무원 임용시험 문제출제위원
- 소방위·지방소방위 승진시험 필기시험 출제위원
- 관광통역안내사 국가자격시험 면접위원
- 부산여자대학 관광통역과 교수
- 경상대학교 대학원 일본학과 박사과정 강사
- 부산외국어대학교 대학원 일본어과 박사과정 강사
- 동아대학교 일어일문학과 교수
- 동아대학교 교수업적 평가 최우수 교수
- 동아대학교 최우수 강의 교수
- 유학생 일본어 논문 컨텍스트 최우수상
- 2007년도 대한민국학술원 선정 최우수 학술도서(일본 명치기 문학논쟁사)수상
- 2008년도 대한민국학술원 선정 최우수 학술도서(1910,20년대 한일 근대문학교류사) 수상

살아있는 실용일본어(상)
전면개정판

개정 1판 인쇄 2009년 8월 17일
개정 1판 발행 2009년 8월 28일

편저자 정인문

발행처 제이앤씨

주소 서울시 도봉구 창동 624-1 현대홈시티 102-1206
전화 (02) 992 / 3253
팩스 (02) 991 / 1285
등록 제7-270
URL http://www.jncbook.co.kr
E-mail jncbook@hanmail.net

ISBN 978-89-5668-737-7   03730   **정가** 14,000원